MUSEI
CAPITOLINI

Comune di Roma
Assessorato alle Politiche Culturali

Sovraintendenza ai Beni Culturali

MUSEI
CAPITOLINI

 Electa

Musei Capitolini
18 aprile 2000

Comune di Roma
Assessorato alle Politiche Culturali

Gianni Borgna
Assessore

Sovraintendenza ai Beni Culturali

Eugenio La Rocca
Sovraintendente

Anna Mura Sommella
Dirigente dei Musei di Arte Antica

Maria Elisa Tittoni
*Dirigente dei Musei di Arte Medioevale
e Moderna*

Testi
Margherita Albertoni, Maddalena Cima,
Maria Dell'Era, Sergio Guarino,
Patrizia Masini, Marina Mattei,
Anna Mura Sommella, Micaela Perrone,
Emilia Talamo

Fotografie
Archivio dei Musei Capitolini

In copertina
Gruppo di Commodo come Ercole
fiancheggiato da due Tritoni.
Palazzo dei Conservatori, Sala degli Arazzi

Sommario

Il prezioso disegno architettonico della piazza del Campidoglio che si offre a chi sale dalla monumentale cordonata è il frutto di un geniale progetto michelangiolesco, ma rappresenta anche l'esito di una storia millenaria che ha individuato nel colle capitolino il centro religioso e politico della città.

In origine il colle era caratterizzato da due alture boscose, l'*Arx* e il *Capitolium*, separate da una piccola valle centrale nella quale la tradizione pone il mitico *Asylum*, istituito da Romolo per accogliere gli abitanti dei centri vicini. Ma le leggende tramandate sulle origini della città appaiono oggi, alla luce delle ricerche condotte nell'area del Palazzo dei Conservatori e non ancora concluse, più aderenti alla realtà storica e scientificamente documentabili attraverso le testimonianze archeologiche. Sono emersi, infatti, strati archeologici relativi alla fase più antica del Campidoglio, che mostrano tracce di frequentazione del colle a partire dall'età del Bronzo finale (1200-1000 a.C.): gli importanti risultati degli scavi, ancora del tutto preliminari, hanno permesso di riconoscere labili tracce di un insediamento al quale sono riferibili anche alcune sepolture di bambini, nonché i resti di una diffusa attività artigianale legata alla lavorazione dei metalli.

In età storica il Campidoglio si configura come la vera e propria acropoli sacra della città: sul *Capitolium* venne edificato dagli ultimi re della tradizione romana, i Tarquinii, il Tempio di Giove Capitolino, inaugurato però nel primo anno dell'era repubblicana, il 509 a.C. Esso divenne il simbolo della civiltà romana, replicato in tutte le nuove città fondate da Roma e meta delle cerimonie trionfali in onore dei generali che tornavano vittoriosi: una lunga processione che attraversava la città facendo sfilare prigionieri e bottini di guerra approdava, attraverso la via Sacra, al Tempio di Giove, nel nome del quale erano state intraprese le campagne di conquista. Recenti indagini archeologiche hanno permesso di mettere in luce le possenti fondazioni del tempio, perfettamente conservate e inglobate nelle strutture del cinquecentesco Palazzo Caffarelli. Sull'*Arx*, l'altura che la tradizione assegna al popolo sabino e sulla quale oggi sorge l'imponente mole della basilica dell'Aracoeli, sorse il Tempio di Giunone Moneta, sede della zecca dello Stato romano.

Alla fine dell'età repubblicana le pendici del Campidoglio verso il Foro furono regolarizzate costruendo le possenti strutture del *Tabularium*, sed dell'Archivio di Stato romano: l'imponente edificio rispettò il preesistente Tempio di Veiove (196 a.C.), dalla caratteristica disposizione trasversale, dedicato a questa misteriosa divinità vicina a Giove e al mondo degli inferi Altri numerosi templi capitolini sanciscono la sacralità del colle e, in età repubblicana, manifestano la contesa per la supremazia tra le famiglie più importanti della nobiltà romana attraverso la costruzione di edifici pubblici: oltre al Tempio di Giove Capitolino, le fonti riportano nell'area l'esistenza di altri santuari dedicati a Giove Feretrio, a *Fides*, a *Mens*, a Venere Ericina, a *Ops*, a Giove Tonante, a Marte Ultore, a Giove Custode Nel medioevo gli edifici antichi sono caduti in abbandono, ma il ricordo dell'antica grandezza si perpetua nella descrizione dei *Mirabilia*: "*Capitolium* è chiamato perché era il capo di tutto il mondo, perché vi abitavano i consoli e senatori per governare la città e il mondo. Il suo volt era difeso da mura alte e solide, rivestite interamente di vetro e oro e di opere mirabilmente intagliate. All'interno della rocca sorgeva un palazzo, quasi tutto ornato d'oro e di pietre preziose, che pare valesse la terza part del mondo intero [...]".

Disegno di anonimo
della metà del Cinquecento,
la "platea" capitolina

Le strutture del *Tabularium* vengono trasformate in rocca dalla famiglia dei Corsi: onde evitare che in questo luogo si insediasse un pericoloso centro di potere, alternativo a quello costituito, i Corsi vengono cacciati prima da Enrico IV (1084) poi da Pasquale II (1105). Nel 1130, con la bolla di Anacleto II, la proprietà del colle capitolino viene concessa ai benedettini dell'Aracoeli.

La storia architettonica del Campidoglio si intreccia, per tutto il medioevo, con le vicende delle istituzioni comunali: dal 1143/1144 – anno di nascita del Comune romano – una rivoluzione antipapale (*renovatio Senatus*) insedia in Campidoglio una magistratura collegiale di cinquanta Senatori con funzioni di governo cittadino e giudiziale.

All'inizio del Duecento questa magistratura viene sostituita da quella di uno o due Senatori affiancati da un Consiglio Comunale con potere deliberante.

Nel 1299 il Palazzo Senatorio si trasforma con l'apertura di una loggia affacciata sulla piazza che ospita il mercato; si sancisce così il ribaltamento della prospettiva: mentre in età romana i monumenti principali del colle sono rivolti verso il centro monumentale della città (cioè verso il Foro), nel medioevo il Campidoglio si apre verso il Campo Marzio. Nel 1363, con i primi statuti cittadini, si definisce la forma di governo scelta dalla città: un solo Senatore straniero affiancato da tre magistrati elettivi, i Conservatori, rappresentanti dei nuovi ceti sociali giunti al potere.

Nel Quattrocento il Palazzo Senatorio appare come una fortezza munita di torri – costruite da Bonifacio IX (1389-1404), Martino V (1427) e Niccolò V (1447-1455) – mentre la facciata sulla piazza, munita di una doppia scala, presentava tre finestre a croce guelfa e una loggia al secondo piano; a quest'epoca deve risalire anche una trasformazione in forma monumentale del vecchio palazzo dei Banderesi (capitani della milizia cittadina) come sede dei Conservatori (documenti del XV secolo ne attribuiscono la costruzione a Niccolò V).

La convivenza tra le istituzioni comunali e il papato non è sempre pacifica, ma nel frattempo si sancisce la distinzione tra Campidoglio come luogo della memoria e Vaticano come luogo del potere pontificio. Nel 1471 questa funzione del Campidoglio viene nobilitata dalla donazione di Sisto IV al

Popolo Romano dei grandi bronzi fino ad allora conservati nel Patriarchio lateranense, decretando l'istituzione del più antico museo pubblico del mondo: la Lupa, posta sulla facciata del Palazzo dei Conservatori, diventa il simbolo della città, mentre nel portico esterno viene sistemato il grande ritratto bronzeo di Costantino, con la *"palla Sansonis"*.

È sostanzialmente questo l'aspetto della "platea" capitolina quando, nel 1537, Paolo III Farnese commissiona a Michelangelo il trasferimento dal Laterano e la sistemazione al centro della piazza della statua equestre di Marco Aurelio, salvatosi dalla sistematica perdita dei bronzi antichi perché nel medioevo si credeva rappresentasse Costantino, primo imperatore cristiano. Il progetto papale – fieramente osteggiato dai canonici lateranensi e, pare, da Michelangelo stesso – fu realizzato l'anno seguente; la presenza del nuovo fulcro al centro della piazza, straordinariamente carico di significati simbolici e di valori storici, e, insieme, fortissima "presenza" dal punto di vista spaziale, sancirà il futuro aspetto della piazza capitolina.

Il programma di sistemazione dell'area affidato dal papa al genio di Michelangelo, probabilmente già in nuce all'epoca del trasferimento del grande monumento bronzeo di Marco Aurelio, cominciò a prendere forma nei decenni successivi e non vide la sua conclusione che più di un secolo dopo, con il completamento della costruzione del Palazzo Nuovo. Il rinnovamento cominciò dal Palazzo Senatorio che – pur conservando al suo interno i resti antichi del *Tabularium* e le strutture medioevali e rinascimentali, segno della sua ininterrotta vicenda edilizia – fu trasformato, nel lato verso la piazza, da una imponente facciata, scandita da lesene di ordine gigante e da un doppio scalone monumentale che permetteva di raggiungere il "piano nobile", dove anticamente si apriva la loggia e dove si trovava l'aula del Senatore. La facciata si arricchì poi di una fontana, ai lati della quale furono poste le grandi statue dei Fiumi, rinvenute all'inizio del secolo al Quirinale e giacenti sulla piazza, davanti alla facciata del Palazzo dei Conservatori, fin dal 1513; al centro, in una nicchia, fu posta un'antica statua in porfido di Minerva seduta, trasformata in dea Roma con l'aggiunta degli attributi tipici della divinità: il programma decorativo fu completato nel 1588.

Dal 1563, sotto il pontificato di Pio IV, si diede invece inizio alla trasformazione del Palazzo dei Conservatori. L'antica facciata era caratterizzata da un lungo portico ad arcate su colonne e connotata dalla presenza di due delle più prestigiose opere delle collezioni capitoline: la Lupa e la testa colossale bronzea di Costantino. La Lupa, assurta a simbolo civico in sostituzione del leone – dal medioevo davanti al Palazzo Senatorio – e poi trasferita all'interno "in una loggia coperta che riguarda sopra la città piana" (Aldrovandi), era stata completata con una coppia di gemelli che la trasformavano da simbolo di giustizia – ruolo che aveva rivestito presso il Laterano – a *Mater Romanorum*. La testa colossale era stata spostata all'interno del cortile, dove andava a ingrossare le fila dei monumenti che anno dopo anno arricchivano le raccolte capitoline di antichità.

Il progetto di Michelangelo, che fu portato a compimento solo dopo la sua morte, rinserrò la struttura quattrocentesca del palazzo all'interno di un disegno geometrico scandito da un ordine gigante di lesene corinzie che riprendevano lo schema del Palazzo Senatorio; regolarizzò poi la forma del cortile e inserì, all'interno del corpo dell'edificio, uno scalone monumentale per raggiungere il livello superiore, in luogo della scala esterna esistente nel cortile e visibile in alcuni disegni antichi; modificò inoltre in qualche parte la disposizione interna delle sale. L'andamento leggermente divergente della struttura del palazzo rispetto al fronte del Senatorio e all'asse centrale della piazza – segnato dalla statua equestre di Marco Aurelio – suggerirono di completare il disegno architettonico della piazza progettando un palazzo gemello sul lato opposto, ugualmente divergente in modo da accompagnar lo sguardo di chi saliva al Palazzo Senatorio dall'ampia cordonata proveniente dal Campo Marzio (anch'essa ripensata), in un programma urbanistico di equilibrio ed eleganza straordinari.

La concezione del progetto, testimoniata da una serie di incisioni di Etienne Dupérac (datate 1567-1569), troverà il suo logico completamento solo con la costruzione del Palazzo Nuovo, sulla sinistra della piazza fino ad allora limitata dal muraglione di sostegno della grandiosa basilica dell'Aracoeli; nel 1596, su disegno di Giacomo della Porta, fu sistemata su questo lato la grandiosa fontana del Marforio; ma solo nel 1603, sotto il pontificato di Clemente VIII, avvenne la posa della prima pietra dell'edificio, che seguiva, con piccole varianti, il progetto michelangiolesco. Dopo tormentate vicende edilizie il lavoro fu portato a termine con papa Alessandro VII nel 1667, ma l'inaugurazione della nuova sede museale, destinata ad accogliere le collezioni capitoline di antichità, dovette attendere il 1734 e il pontificato di Clemente XII.

A questo punto la piazza del Campidoglio aveva progressivamente raggiunto l'aspetto definitivo: la balaustra che prospetta verso il Campo Marzio si era andata arricchendo delle due grandi statue dei Dioscuri, rinvenute nella zona del Ghetto, degli imponenti "Trofei di Mario", rimossi dalla grande fontana monumentale dell'Esquilino, e delle statue di Costantino e del figlio Costantino II, qui trasferite dall'Aracoeli.

Un ultimo elemento mancava al completamento del progetto

Palazzo dei Conservatori,
Sala delle Aquile: giochi
sulla piazza capitolina

michelangiolesco: il prezioso disegno pavimentale stellato, che compare
nelle incisioni di Dupérac ma che venne realizzato solo nel 1940.
L'occasione fu offerta dai grandi lavori che, insieme all'isolamento
dell'intero colle capitolino, permisero di scavare una galleria sotterranea
di collegamento fra i tre palazzi che si affacciano sulla piazza. La
realizzazione della nuova pavimentazione – ispirata, sebbene non
perfettamente aderente, al disegno di Michelangelo – chiuse il capitolo
della definizione di uno spazio architettonico pienamente coerente e
"perfetto" che aveva richiesto secoli di elaborazioni e aggiustamenti.
In questo senso il Campidoglio rappresenta un complesso museale di
straordinaria valenza storica e culturale: ne fanno organicamente e
armonicamente parte la piazza, i palazzi, le collezioni archeologiche e
storico-artistiche, e ora, con la riapertura del collegamento sotterraneo,
anche i principali monumenti antichi.

La formazione delle raccolte capitoline di antichità si inquadra nel più
vasto fenomeno che a partire dal XV secolo interessa il patrimonio
archeologico dell'antica Roma, sentito non più in funzione di un
potenziale riuso, ma come oggetto di interesse antiquario
e collezionistico.

La donazione da parte del pontefice Sisto IV, nel 1471, di quattro
celeberrime sculture in bronzo - la Lupa, lo Spinario, il Camillo, la testa
bronzea di Costantino con la mano e il globo - fino a quel momento
collocate davanti al Patriarchio lateranense e perciò simbolo di continuità
tra la Roma imperiale e il potere temporale della Chiesa, segna l'inizio de
rifluire sul Campidoglio di antiche opere scultoree e la nascita del
complesso museale capitolino. Secoli di devastazione e di abbandono,
seguiti alla caduta dell'impero romano, avevano infatti completamente
spogliato il colle dei templi, degli archi onorari e delle statue che avevano
reso celebre il *Capitolium fulgens*, ricordato con stupore dagli scrittori
romani di epoca tarda.

Le opere che avevano costituito il *thesaurus Romanitatis,* una sorta di
eredità del mondo antico che la Chiesa aveva raccolto e gelosamente
custodito per tutto il medioevo, venivano ora, con gesto fortemente
simbolico, restituite ai Romani per essere collocate sul colle sacro alle
memorie storiche.

Di questo evento rimane memoria nella lunga iscrizione ancor oggi
conservata nella lapide posta all'ingresso del Palazzo dei Conservatori:
essa costituisce il prezioso atto di nascita del complesso museale
capitolino, ricordando il munifico dono che, "*ob immensam
benignitatem*", Sisto IV volle fare al Popolo Romano. Con sapiente regia,
nel procedere del testo, viene infatti precisato che non si tratta di una
semplice donazione, ma di una vera e propria "restituzione" delle insigni
opere bronzee, testimonianza dell'antica grandezza di quello stesso
popolo romano che le aveva create: "*Aeneas insignes statuas – priscae
excellentiae virtutisque monumentum – Romano populo unde exorte fuere
restituendas condonandasque censuit*".

Il prezioso dono sistino è chiaramente volto ad affermare il predominio
della potestà pontificia sul Campidoglio mediante la consacrazione di

La formazione
delle raccolte

questo antico colle a simbolo della memoria storica di Roma, in
contrapposizione al ruolo ad esso attribuito di centro propulsore
dell'autonomia civica, tenacemente difeso dalla magistratura capitolina.
Ha inizio in questo modo un confronto – che si servirà del linguaggio dei
simboli – tra il potere papale e quello comunale, che porterà, nell'arco di
un secolo, alla completa trasformazione della piazza capitolina.
Due vedute cinquecentesche, un disegno di M. van Heemskerck e un
affresco nella Sala delle Aquile del Palazzo dei Conservatori,
documentano con grande fedeltà lo stato dell'area nella prima metà del
Cinquecento, ancora caratterizzato dall'assetto medioevale. Il piccolo
affresco testimonia, peraltro, l'inizio del processo di trasformazione
determinato con il trasferimento dal Laterano, nel 1538, della statua
equestre di Marco Aurelio, che diverrà il punto focale del programma di
risistemazione architettonica della piazza voluto da Paolo III e progettato
da Michelangelo.
Nel disegno di Heemskerck, solo di qualche anno più antico, è ancora
presente nella sua collocazione medioevale, in cima allo scalone di accesso
al Palazzo Senatorio, il gruppo del "Leone che azzanna il cavallo".

azzo dei Conservatori,
a delle Aquile: la piazza
itolina

Quest'opera, divenuta simbolo del potere giuridico dell'autorità senatoria, era l'unica scultura antica presente sul Campidoglio prima della donazione di Sisto IV: essa caratterizzava il *locus iustitiae*, già ricordato nei documenti trecenteschi, presso il quale si pronunciavano e talvolta si eseguivano le sentenze capitali. Con la sistemazione della facciata del Palazzo Senatorio, in occasione della trasformazione della piazza capitolina in chiave monumentale, questa scultura entrerà a far parte delle collezioni capitoline di antichità.

Nello stesso disegno, oltre alla testa bronzea di Costantino collocata all'interno delle arcate, compare sulla facciata del Palazzo dei Conservatori la statua della Lupa, trasferita, per volontà di Sisto IV, dal *campus Lateranensis*. Le figure dei gemelli furono aggiunte, a opera di un artista non ancora identificato, prima del 1509. Si volle con questo intervento cancellare definitivamente il carattere sinistro di simbolo di giustizia che la Lupa aveva avuto in Laterano e sottolinearne invece quel di *Mater Romanorum*, più consono a un'opera divenuta ormai emblema del potere comunale. Tra la data di esecuzione del disegno (1532-1537) quella dell'affresco (1541-1543) la Lupa fu spostata all'interno del

Marten van Heemskerck, particolare della veduta del Campidoglio con la statua di Fiume davanti al portico del Palazzo dei Conservatori

La formazione
delle raccolte

palazzo "*in porticu interiori prope aulam*", ossia nell'ambiente porticato
che si apriva all'estremità destra del palazzo, presso la sala principale detta
ora "degli Orazi e Curiazi".
Tra la fine del Quattrocento e la metà del XVI secolo giungono in
Campidoglio importanti opere di scultura antica, creando davanti al
Palazzo dei Conservatori una cospicua raccolta; con questo patrimonio
antiquario di grandissimo valore storico e artistico si consolida il ruolo del
colle capitolino come museo pubblico di antichità.
Tra le prime opere destinate ad accrescere il nucleo originario dei bronzi
donati da Sisto IV, un ruolo di grandissima importanza riveste la statua
bronzea di Ercole, trovata all'epoca dello stesso Sisto IV nel Foro Boario e
acquistata dai Conservatori, che la sistemarono su un'alta base davanti al
loro palazzo come "monumento della gloria di Roma". Questa statua,
copia da un originale greco del IV secolo, fu successivamente spostata,
prima nel cortile, dove la vide lo Heemskerck, e poi trasferita all'interno,
nell'Appartamento dei Conservatori (cfr. U. Aldrovandi, *Delle statue
antiche che per tutta Roma in diversi luoghi e case si veggono*, Venezia
1556, p. 273).
Nel 1513 furono poste al lati dell'ingresso del palazzo le due colossali
statue di divinità fluviali, provenienti dalle terme costantiniane sul
Quirinale: queste sculture di età traianea entrarono a far parte, nel 1588-
1589, dell'apparato scultoreo del monumentale scalone d'accesso al
Palazzo Senatorio.
Di poco successiva (1515) è l'acquisizione dei tre grandi pannelli
ad altorilievo con scene relative alla vita di Marco Aurelio, appartenenti
alla decorazione scultorea che ornava un monumento celebrativo
innalzato all'imperatore in occasione del trionfo del 176 d.C. Questi
rilievi segnano una delle espressioni più alte della scultura a soggetto
storico che l'arte romana ci abbia tramandato: le scene con la
sottomissione dei barbari, il trionfo e il sacrificio davanti al Tempio
di Giove Capitolino sono inoltre documenti di eccezionale valore destinati
a rappresentare l'ideale continuità tra il mondo antico e il Campidoglio
rinascimentale. Conosciamo con sufficiente precisione l'articolazione
delle raccolte capitoline agli inizi del XVI secolo grazie alle opere di

Stefano della Bella, il Cortile
del Palazzo dei Conservatori

F. Albertini, l'*Opusculum de Mirabilibus*, del 1510, e all'*Antiquaria Urb*
del Fulvio, del 1513.
Sappiamo infatti che all'inizio del Cinquecento gran parte delle sculture
furono sistemate all'interno del Palazzo dei Conservatori, mentre quelle
maggior mole trovarono posto nel cortile. Questo – che oggi vediamo ne
suo assetto settecentesco, modificato rispetto a quello rinascimentale co
l'aggiunta del portico sulla parete di fronte all'ingresso, ove fu collocata
la cosiddetta "Roma Cesi" e le statue dei barbari in marmo bigio – ospitċ
sul lato destro l'Ercole del Foro Boario e i resti del grande acrolito
di Costantino della Basilica di Massenzio; sul lato sinistro furono invece
collocati i tre rilievi di Marco Aurelio, fatti trasferire da Leone X dalla

rtile del Palazzo dei
nservatori con i frammenti
a statua colossale
Costantino

chiesa dei Santi Luca e Martina al Foro Romano. Nel 1594 la testa
dell'acrolito di Costantino fu collocata sul timpano che sovrastava la
Fontana di Marforio, posta a decorare il muraglione di sostegno della
chiesa dell'Aracoeli. Il ritratto colossale ritornò definitivamente
nel Cortile dei Conservatori nel 1659, come è testimoniato da un diseg
di Stefano della Bella.

Nel 1541 fu sistemata sul prospetto principale del cortile, entro una
nicchia di fronte all'ingresso, una grande statua di Atena scoperta e
donata alla magistratura civica al tempo di Paolo III. Qualche tempo dop
questa statua fu al centro di una vivace *querelle* nel momento in cui, sott
Sisto V, venne utilizzata come elemento centrale della decorazione dello
scalone michelangiolesco del Palazzo Senatorio. La colossale scultura
doveva essere già stata rimossa dalla parete di fondo del cortile per
consentire la sistemazione dei frammenti dei Fasti Consolari, ritrovati n
1546 nel Foro Romano, e donati qualche anno dopo dal cardinal Farnes
al Popolo Romano. Dalla testimonianza di Onofrio Panvinio risulta che
stesso Michelangelo prestò la sua opera per la ricomposizione dei
frammenti recuperati e per la loro sistemazione architettonica in
Campidoglio: i Fasti Capitolini, trasferiti nel 1586 nell'attuale Sala dell
Lupa, furono rimontati secondo il progetto michelangiolesco, che tutta
subì in questa occasione profondi rimaneggiamenti.

Le notizie di cui disponiamo per la storia più antica della collezione
fotografano la situazione delle collezioni capitoline alla vigilia di due
avvenimenti straordinari, che ne determinarono una radicale
trasformazione: con il 1563 ebbero infatti inizio i lavori per il
rinnovamento del Palazzo dei Conservatori e la conseguente
risistemazione delle opere ivi conservate, mentre nel 1566 vennero
acquisite le opere donate al Popolo Romano da Pio V nell'intenzione di
"purgare il Vaticano dagli idoli pagani". Anche se il programma iniziale
del pontefice di cedere circa 150 statue delle collezioni vaticane fu poi
notevolmente ridimensionato, tuttavia un numero considerevole di ope
originariamente collocate nel Teatro del Belvedere, giunse in
Campidoglio e andò in parte ad arricchire lo "statuario", successivame
ospitato al piano terreno del Palazzo dei Conservatori. Alcune statue

La formazione
delle raccolte

furono invece poste sulla vecchia torre campanaria del Palazzo Senatorio e
sulla facciata dello stesso edificio, in attuazione del progetto di
Michelangelo, secondo quanto documentato dalle incisioni di Dupérac.
Con la ristrutturazione del Palazzo dei Conservatori le opere già nella
collezione capitolina e altre donate o acquisite successivamente poterono
trovare un'idonea sistemazione. Sculture di gran pregio entrarono a far
parte delle raccolte nella seconda metà del XVI secolo: tra queste le due
statue di Giulio Cesare e del Navarca, il Bruto Capitolino e la *Lex de
imperio Vespasiani*. Questo straordinario cimelio fu collocato nel 1568
nella Sala degli Orazi e Curiazi, dove avevano anche trovato posto la mano

e il globo di Costantino, provenienti dal portico esterno del palazzo. Nel
cortile, anch'esso completamente ristrutturato, furono sistemati sia il
grande sarcofago di Alessandro Severo, acquisito nel 1590, sia il gruppo
del "Leone che azzanna il cavallo", restaurato in questa occasione da
Ruggero Bescapè.
Una volta completati i lavori di ristrutturazione del Palazzo dei
Conservatori si procedette a una nuova sistemazione dei rilievi di Marco
Aurelio, che vennero murati sul primo ripiano dello scalone dove ancora
oggi si trovano.
Solo molti anni più tardi dovevano essere collocate sulla balaustra che
chiude la piazza verso la cordonata le due statue colossali dei Dioscuri:
queste, rinvenute intorno al 1560, furono erette con grande difficoltà su
rispettivi piedistalli a causa della notevole frammentarietà delle opere che
rese necessario un impegnativo restauro, iniziato nel 1582 e durato molti
anni. L'opera di abbellimento della balaustra che chiude la piazza
capitolina verso la cordonata fu continuata all'epoca di Sisto V con la
sistemazione, nel 1590, dei cosiddetti "Trofei di Mario" che ornavano, in
antico, la fontana monumentale eretta da Alessandro Severo
sull'Esquilino; in questa occasione furono anche posti ai piedi della
cordonata due leoni egizi.
Secondo quanto rilevato dal Michaelis "il secolo decimosettimo fu
altrettanto infruttuoso, riguardo all'ingrandimento della collezione,
quanto il precedente era stato fecondo". Il diffondersi del collezionismo
privato e la nascita delle grandi raccolte dei palazzi patrizi assorbivano
infatti quanto di meglio si trovava sul mercato antiquario. Un disegno di
Stefano della Bella, successivo al 1659, dà un'idea del sovraffollamento
che caratterizza il cortile, ma che doveva interessare in maniera del tutto
analoga anche le sale del Palazzo dei Conservatori, rendendo complesso
svolgimento delle funzioni dell'antica magistratura civica che quegli
ambienti utilizzava come sede di ufficio e di rappresentanza.
La destinazione museale del Palazzo Nuovo – la cui costruzione sul lato
sinistro della piazza, avviata sotto Clemente VIII nel 1603, fu portata a
termine solo una cinquantina di anni più tardi a opera di Carlo Rainaldi
fu definita solo nel 1733 con l'acquisto da parte di Clemente XII della

atua colossale di Dioscuro
la balaustra della piazza
pitolina

Collezione Albani. Nei decenni precedenti questo edificio era già stato
occupato da un cospicuo numero di statue provenienti dal Palazzo dei
Conservatori: a queste e al nucleo principale della Collezione Albani,
caratterizzata da una straordinaria raccolta di ritratti di uomini celebri, di
filosofi e di imperatori, si aggiunsero, subito dopo l'inaugurazione del
museo, nel 1734, ulteriori donazioni da parte dello stesso Clemente XII
di Benedetto XIV.

Dal Galata morente (1734) al Satiro in rosso antico (1746), al gruppo di
Amore e Psiche e infine alla celebre Venere Capitolina (1750), numerose
opere, già in collezioni private o di recente rinvenimento, andarono ad
arricchire le sale ornate con gli stemmi di Innocenzo X e Alessandro VII.
Nel 1744 la *Forma Urbis* marmorea, di epoca severiana, fu donata da
Benedetto XIV e sistemata, ripartita in ventisei riquadri, lungo lo scalone
che porta al primo piano del museo. Questo eccezionale documento
storico-topografico, scoperto due secoli prima presso la chiesa dei Santi
Cosma e Damiano, rimase nel Museo Capitolino fino agli inizi di questo
secolo. Tra le ultime pregevoli acquisizioni, sono da annoverare i due
Centauri in bigio morato, collocati al centro del Salone, e il finissimo
Mosaico delle Colombe, tutti provenienti dalla villa dell'imperatore Adrian
presso Tivoli e donati da Clemente XIII nella seconda metà del Settecento.
Il Museo Capitolino rappresenta una testimonianza straordinaria di
ordinamento museale settecentesco che ha conservato nel tempo, quasi
inalterato, il suo aspetto originario: questo è immediatamente
riscontrabile nel confronto delle sale con disegni del XVIII e XIX secolo.
Nell'incisione di Natoire (1759), raffigurante l'atrio del museo e il cortil
è evidenziata la Fontana del Marforio nella sua nuova sistemazione
settecentesca, mentre nella litografia del Benoist (1870) è visibile nel
passaggio verso la Galleria l'Ercole in bronzo dorato già nel cortile del
Palazzo dei Conservatori.

La disposizione originaria delle opere all'interno delle sale, con la loro
articolazione per categorie, e la peculiarità dei criteri di restauro che
hanno determinato la ricostruzione e l'interpretazione delle sculture
antiche contribuiscono a evidenziare il carattere particolare della raccolt
come testimonianza del colto collezionismo dei secoli passati.

La formazione
delle raccolte

L'istituzione nel 1771 del Museo Pio Clementino in Vaticano segnò, per
l'incremento delle raccolte archeologiche capitoline, una pesante battuta
d'arresto: l'attenzione dei pontefici fu infatti, da quel momento,
interamente rivolta al nuovo museo. La situazione si fece drammatica per
il complesso museale capitolino quando con il trattato di Tolentino, nel
1797, molte tra le più celebri opere delle collezioni civiche furono
trasferite in Francia. Solo il tenace interessamento del Canova consentì,
dopo la caduta di Napoleone, nel 1815, che le opere principali tornassero
in Italia. Fu così che lo Spinario, il Bruto, la Venere Capitolina e il Galata
morente poterono essere ricollocati nelle loro sedi originarie.
Per volontà di Gregorio XVI, nel 1838, il Museo Capitolino fu restituito
alla magistratura civica, ma fu depauperato della ricca collezione di
sculture egizie e acquisì, in cambio, alcune opere tra le quali il sarcofago
Amendola e l'Atena tipo Velletri.
Poche ma significative furono le acquisizioni nei primi settant'anni del
XIX secolo: particolarmente rilevante il gruppo di grandi bronzi rinvenuti
nel vicolo delle Palme a Trastevere (1848), la collezione dei vasi greci ed
etruschi donata da Augusto Castellani e soprattutto un raccolta di monete
antiche che andò a costituire il nucleo principale del Medagliere Capitolino.
Il 1870, con il trasferimento a Roma della capitale del nuovo Regno
d'Italia, e gli avvenimenti di fine secolo segnarono una tappa
fondamentale nella vita e nello sviluppo della città, che si riflettè in
maniera molto evidente nella trasformazione e nell'ampliamento del
complesso museale capitolino. Infatti, anche l'ordinamento delle
collezioni archeologiche, che aveva trovato nel Palazzo Nuovo il suo polo
principale con una grande raccolta di scultura antica, subì un profondo
mutamento. Il prevalente carattere antiquario delle raccolte, formatesi per
donazioni o acquisti, fu infatti sostituito, grazie al rilevante apporto di
materiali provenienti dagli scavi in ambito urbano, da un'impostazione di
carattere scientifico. La febbrile attività edilizia e i conseguenti lavori di
sbancamento di vaste aree periferiche, intrapresi dalla nuova classe
politica per dotare la capitale degli edifici pubblici e dei quartieri
residenziali necessari alle mutate esigenze, portarono infatti al recupero
di un'ingente quantità di materiale archeologico.

Palazzo Nuovo,
Sala degli Imperatori

26

La formazione
delle raccolte

Un nuovo settore museale nacque così nel Palazzo dei Conservatori, che aveva perso la sua funzione di sede ufficiale dell'omonima magistratura civica e poté consentire anche l'allestimento di un padiglione ligneo per una temporanea presentazione delle opere recuperate nei grandi sterri eseguiti in ambito urbano.

Un ampliamento e una nuova sistemazione di questo settore del Museo del Palazzo dei Conservatori furono curati da Rodolfo Lanciani nel 1903; si rese così possibile un migliore ordinamento dei materiali secondo nuovi criteri museografici, volti a sottolineare l'importanza dei dati di scavo. Le opere furono quindi distribuite nelle sale a seconda dei contesti di provenienza, privilegiando una lettura più articolata del dato archeologico rispetto a una visione di stampo "antiquario" che tendeva a sottolineare il valore estetico delle sculture come capolavori dell'arte antica.

Negli anni del Governatorato, e in particolare tra il 1925 e il 1930, si realizzò un profondo rinnovamento delle strutture museali capitoline che portò, con l'acquisizione di Palazzo Caffarelli già proprietà austriaca, alla costituzione di un nuovo settore museale. Il Museo Mussolini, che prese successivamente il nome di Museo Nuovo, fu allestito con opere scultoree provenienti anch'esse dai ritrovamenti ottocenteschi o trasferite in questa occasione dall'Antiquarium Comunale al Celio. La sistemazione delle opere non seguì, in questo caso, il nuovo ordinamento topografico voluto dal Lanciani per il Museo del Palazzo dei Conservatori, ma un criterio espositivo volto a ripercorrere le tappe più significative dell'arte greca attraverso copie romane ispirate a originali greci.

Nello stesso tempo sorgeva nel 1929 sul Celio il nuovo Antiquarium, ampliato negli spazi e completamente rinnovato nei contenuti espositivi, incentrati sulle testimonianze relative alla storia più antica della città, dalle origini all'età repubblicana, con gli oggetti della vita quotidiana a Roma in epoca imperiale.

Dopo questo momento di rinnovamento delle strutture museali capitoline, salutato con grande favore anche dal mondo accademico contemporaneo, nuovi gravi problemi interessarono le raccolte poste sotto la giurisdizione del Governatorato: l'inagibilità della sede dell'Antiquarium al Celio a partire dal 1939 e la notevole quantità di

materiali di grande rilevanza artistica e scientifica recuperati in varie part
della città, ma soprattutto intorno alle pendici del Campidoglio in
occasione dell'isolamento del colle, riproposero con grande urgenza il
problema di reperire nuovi spazi per l'ampliamento della sede museale.
Solo nel 1956 la creazione di un nuovo settore del Palazzo dei
Conservatori, il Braccio Nuovo, consentì l'esposizione di alcune sculture
di grandissimo significato appartenenti a monumenti repubblicani o
primo-imperiali recuperati alle pendici del Campidoglio e negli scavi di
largo Argentina. Nello stesso periodo fu utilizzata, come sede espositiva
della Raccolta Epigrafica, la galleria sotterranea esistente al di sotto della
piazza capitolina, che costituisce lo straordinario asse di collegamento tra
il Palazzo dei Conservatori, il Palazzo Nuovo e il Palazzo Senatorio con il
Tabularium e il Tempio di Veiove.
Alla storia delle raccolte capitoline, che sembravano aver ottenuto
con gli ordinamenti del dopoguerra il loro assetto definitivo, si può
invece aggiungere un altro significativo capitolo. Il procedere degli studi
e delle ricerche all'interno del museo e nei numerosi depositi a esso
correlati ha portato infatti, in questi ultimi decenni, a importanti
acquisizioni di opere e complessi scultorei e all'esigenza di nuove
presentazioni per quelli già noti.
I lavori di ristrutturazione dei Musei Capitolini, articolati in successivi
momenti attuativi, hanno portato, da un lato, alla creazione di una nuova
sede museale decentrata, la Centrale Montemartini, e, dall'altro, al
recupero e alla creazione di nuovi spazi nell'ambito dello stesso
complesso museale. La Centrale Montemartini, destinata inizialmente a
essere solo uno spazio espositivo temporaneo per le raccolte capitoline, è
diventata invece sede permanente per un settore delle collezioni. La
scoperta dei grandiosi resti del Tempio di Giove Capitolino all'interno
delle sale del Museo Nuovo, avvenuta nel corso dei lavori di
ristrutturazione, ha infatti determinato l'impossibilità di riallestire questi
spazi museali secondo il vecchio ordinamento, individuando proprio nella
Centrale Montemartini la sede ideale per la presentazione al pubblico
delle sculture. L'eccezionale ampiezza e luminosità degli spazi, e il
suggestivo contrasto tra i vecchi macchinari della centrale elettrica

La formazione
delle raccolte

perfettamente conservati e il nitore delle sculture classiche costituiscono
gli ingredienti irrinunciabili per la piena fruibilità di un patrimonio
artistico straordinario. In questo, un posto di primo piano riveste il
complesso architettonico del Tempio di Apollo Sosiano, recentemente
recuperato nella sua articolazione monumentale grazie proprio alla
disponibilità di spazi idonei.
Un nuovo ampliamento dei Musei Capitolini e un nuovo ordinamento
delle collezioni nell'ambito del Palazzo dei Conservatori e del complesso
Clementino-Caffarelli, in occasione dell'attuazione dell'articolato
programma di ampliamento degli spazi espositivi compreso
nell'ambizioso progetto definito "Grande Campidoglio", consentono
un'adeguata musealizzazione del gruppo equestre del Marco Aurelio e
una migliore presentazione dei complessi scultorei riordinati a seguito di
accurate ricerche storiche e d'archivio.

LAZZO NUOVO

PALAZZO
DEI CONSERVATORI
CLEMENTINO
CAFFARELLI

PALAZZO SENATORIO
TABULARIUM

CENTRALE
MONTEMARTINI

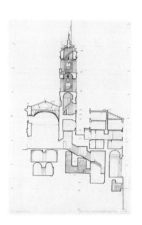

no 0

Biglietteria

Libreria Capitolina

Guardaroba

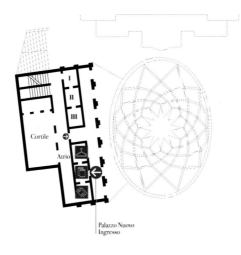

Palazzo Nuovo
Ingresso

no 1

Galleria
Sala delle Colombe
Gabinetto della Venere
Sala degli Imperatori
Sala dei Filosofi
Salone
Sala del Fauno
Sala del Gladiatore

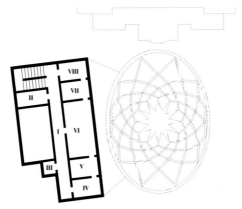

Il palazzo posto a sinistra della piazza capitolina fu in origine denominato "Nuovo" perché edificato più tardi rispetto al Palazzo Senatorio e al Palazzo dei Conservatori. In suo luogo nelle immagini cinquecentesche è visibile il muro di contenimento del convento dell'Aracoeli, oggi sovrastante il coronamento del cortile interno.

Inserito fin dall'inizio nel generale progetto di Michelangelo Buonarroti, fu costruito dopo la morte di questo e completato in più fasi, nell'arco di quasi due secoli. La prima pietra fu posta nel 1603, per volontà del pontefice Clemente VIII, che affidò le opere a Girolamo Rainaldi, architetto del Popolo Romano. Tuttavia, nel 1614 erano state realizzate soltanto le fondazioni e, dopo un lungo intervallo, i lavori furono ripresi solo nel 1654, durante il pontificato di papa Innocenzo X, che commissionò la stima dei lavori a Carlo Rainaldi, il quale si adoperò moltissimo per il loro completamento.

L'importanza del Palazzo Nuovo – che probabilmente fin dalle origini era stato destinato a ospitare entro nicchie ed edicole, secondo i criteri "degli antichi", grandi capolavori della scultura greca e romana presenti già in numero cospicuo sul colle – è testimoniata nei disegni e nei documenti scritti. L'edificio fu infatti il primo ad accogliere un patrimonio antiquario di proprietà pubblica e per questo venne concepito con una scansione di spazi esterni e interni che permettesse di valorizzare al massimo i marmi collocati lungo le murature, in nicchie timpanate ed edicole appositamente aperte. La nuova fabbrica si differenzia architettonicamente dai palazzi dell'aristocrazia romana che già sul finire del Cinquecento ospitavano disordinatamente, solo negli ambienti esterni, le memorie degli antichi, e si rivela un perfetto insieme di particolare suggestione con continua alternanza delle partiture murarie in intonaco e travertino, all'interno delle quali, nel tempo, furono collocate epigrafi latine e greche e importanti rilievi.

Le coloriture originarie in "celestino color del cielo", attualmente restituite dopo i restauri appena ultimati, si sposavano mirabilmente con le pavimentazioni in cotto sostituite nell'Ottocento e nel Novecento dai marmi a grandi riquadri e con le decorazioni lignee dei soffitti cassettonati scolpiti in parte decorati a stucchi e affresco, e riportati alla luce durante gli ultimi lavori – e davano particolare risalto alle statue.

Le architetture del palazzo ebbero notevoli abbellimenti durante il pontifica di Alessandro VII (1655-1667) e di Clemente X (1670-1676); quest'ultimo fece eseguire i soffitti lignei delle sale principali. In quegli stessi anni il palazzo fu concesso in uso alla "Corporazione delle Arti della lana e della seta", che rivestiva un ruolo di particolare rilievo culturale. Al momento della concessione risultavano nell'inventario 44 sculture, poi incrementate a 50 all'atto della concessione alle "Arti dell'agricoltura", nel 1698.

A papa Clemente XII, nel 1733, si deve l'istituzione della nuova raccolta pubblica di antichità ordinata secondo i criteri di un museo moderno. Questo pontefice si adoperò in modo particolare per acquistare le sculture che avevano adornato la casa del cardinale Alessandro Albani, attento collezionista di capolavori antichi provenienti sia da altre collezioni, sia da scavi e ritrovamenti. Con l'acquisto della Collezione Albani, consistente in ben 418 sculture, e con i successivi acquisti e donazioni attuati negli anni 1745-1750 durante il pontificato di papa Benedetto XIV le raccolte divennero pregevolissime e le sale, di conseguenza, furono sistemate secondo un itinerario, che poneva in risalto anche il valore documentario delle sculture ancora oggi sostanzialmente mantenutosi. Per risarcirle, furono convocati scalpellini di Roma, che restituirono alle superfici, spesso mutile, nuova integrità e, in molti casi, una dotta interpretazione. Tra il 1812 e il 1818 furono realizzati spostamenti e trasformazioni e furono acquisite le statue provenienti dalla chiesa di Santa Maria in Aracoeli. Per ampliare gli spazi esistenti, nel 1816 fu risistemata la prima sala terrena a destra, che prese il nome di "Stanza Lapidaria" e una seconda stanzetta detta "dell'Urna".

È del 1990 la sistemazione del gruppo equestre bronzeo del Marco Aurelio in luogo della Collezione Egizia, trasferita nel Palazzo dei Conservatori. All'interno del museo sono ospitate opere di scultura antica in marmo, esposte secondo un itinerario che tiene conto sia di criteri tipologici (Sala degli Imperatori, Sala dei Filosofi) sia di principi estetici che assegnano alle sculture centrali il ruolo di "capolavoro" (Sala del Fauno, Sala del Gladiatore). Al gusto ancora collezionistico si ispirano maggiormente la Galleria e il Salone al primo piano, con una disposizione delle sculture più ornamentale che tipologica. È questa la prima raccolta pubblica di antichità dalla quale trassero spunto e modello le più importanti raccolte ospitate nei musei di tutto il mondo.

Lo spazio interno del pianterreno è articolato secondo la concezione architettonica che i palazzi secenteschi ripresero dalle antiche *domus* romane. Il porticato, scandito da aperture e nicchie simmetricamente studiate e riquadrate da architravi e colonne in travertino, ospita le statu di maggiori dimensioni e alcuni capolavori un tempo appartenuti alla Collezione del Belvedere Vaticano e poi donate alla Città di Roma. Le volte di copertura, parte a botte, parte a "schifo", creano una particolare variazione di luce e una suggestione visiva culminante nella parte centra che si apre sul cortile interno. In alto sono posti grandi conchiglioni ornamentali che completano scenograficamente la decorazione, mentre alle pareti sono inserite epigrafi romane, per la maggioranza funerarie.

ua di Minerva

scultura, di colossali dimensioni (oltre
metri di altezza), era in precedenza
ocata sotto la scalinata del Palazzo
atorio, sulla piazza, e nel portico del
azzo dei Conservatori.
dea è rappresentata stante, con la
vitazione sulla gamba destra e la sinistra
ppoggio. Veste un ampio chitone, con
ghe rese a scalpello, fermato in vita da
cinturone sul quale sono visibili i
odini di attacco del metallo. Alcuni perni
il fissaggio di parti di diverso materiale

si trovano anche nell'*apoptygma*, sul petto.
La testa e le braccia sono assemblate
secondo la concezione dei grandi acroliti. Il
volto, sormontato dall'elmo, mostra le
cavità oculari vuote, in origine colmate con
pietre dure e metallo. La scultura si
ispirava, dunque, direttamente alla celebre
statua crisoelefantina (in oro e avorio) che
Fidia realizzò per il tempio ateniese della
dea nella metà del V secolo a.C., e fu forse
realizzata da maestranze greche nell'ambito
del II secolo a.C. per un tempio di grande
significato.

Statua dell'imperatrice Faustina Maggiore
L'imperatrice, moglie di Antonino Pio
(138-161 d.C.), è raffigurata come dea
Cerere, protettrice dell'agricoltura, con la
cornucopia stretta nella mano sinistra. Il
restauro, da poco ultimato, ha messo in
luce resti di dorature sul volto e tra le
ciocche dei capelli, e residui di metallo sul
petto, che forse era decorato da un
pettorale di metallo.

Statua femminile con testa-ritratto
La scultura proviene dal nucleo del
Belvedere Vaticano e fino al 1818 era
inserita sul cornicione soprastante il
Marforio, insieme alla statua con testa-
ritratto di Livia e a quella quasi gemella,
nota con il nome di Aspasia, conservate
tutte all'interno dell'atrio.
La figura è stante, con corpo avvolto in
lungo chitone e pesante mantello, che
ricade sul braccio sinistro, e la fascia. La
testa-ritratto, non pertinente, è antica e

databile al tardo II secolo d.C. Il corpo è
copia romana dell'Afrodite Sosandra che
Kalamis realizzò nel V secolo a.C. Le
repliche romane ebbero molta diffusione
nell'ambito del II secolo d.C., e molte
riproduzioni furono utilizzate come statue
iconiche di nobili romane.

Fontana del Cortile
la statua "del Marforio"

A metà dell'atrio si apre il cortile, che sul fondo si chiude con la scenografica parete con fontana sormontata dalla statua detta "del Marforio", perché ritenuta nel Cinquecento proveniente dal Foro di Marte (*Martis Forum*, nome che gli antichi attribuivano al Foro di Augusto). La statua, di dimensioni colossali, fu risarcita con gli attributi tipici di Oceano dal Bescapè nel 1594. Molti studiosi vi individuano la raffigurazione del Tevere, o di un'altra divinità fluviale pertinente anche in antico a una fontana.

La figura è sdraiata sul fianco sinistro con volto reclinato e caratterizzato da lunghi capelli, barba e baffi molto folti. Il pezzo è attribuito stilisticamente all'età flavia (I secolo d.C.) ed ebbe dal Rinascimento particolare notorietà essendo utilizzato per affiggere "pasquinate", scritti diffamatori contro il governo, che i Romani firmavano con il nome di Pasquino.

Statue di Satiri

Le due sculture, poste a lato della fontana entro le nicchie e note con il nome di Satiri della Valle, vennero rinvenute a Roma nei pressi del Teatro di Pompeo e conservate per un lungo periodo non lontano dal luogo di ritrovamento, nel cortile del Palazzo della Valle. Si tratta di due statue speculari che raffiguravano Pan, il dio greco della vita campestre e della natura, collegato con il culto di Dioniso. L'aspetto di questa divinità, metà uomo e metà caprone, con testa barbata e corna ferine, è inequivocabilmente definito anche dalla pelle di pantera che ricade sul dorso. Le immagini capitoline ci restituiscono due altorilievi dai quali si stagliano le braccia sollevate a reggere sulla testa un cesto e un grappolo d'uva. Sono state considerate pertinenti al Teatro di Pompeo e utilizzate come Telamoni, statue che assolvono funzione di sostegno. La pregevolezza delle superfici e la particolare maestria del modellato suggeriscono di poterle considerare opere della tarda età ellenistica e forse di riferirle a un portichetto o a una loggia collegata con l'area del teatro.

*Statua equestre dell'imperatore Marco
Aurelio (161-180 d.C.)*

Questa celebre statua bronzea è stata di
recente interessata da un completo restauro
che ne ha restituito la straordinaria bellezza.
Pertinente in origine a un monumento
trionfale, raffigura l'imperatore Marco
Aurelio già avanti negli anni, maestoso e
carismatico, in un gesto pacificatore che
assume le vicende belliche di questo
sovrano, a lungo impegnato nella difesa dei
confini dell'impero, insidiati dalla pressione
delle popolazioni barbariche di origine
germanica. Il gruppo equestre, dorato forse
già in antico, fu salvato dalla fusione e fatto
collocare sulla piazza perché ritenuto
Costantino "benedicente", simbolo del
Cristianesimo.
Realizzato, come tutti i colossi bronzei, per
parti saldate insieme, è stato trasferito nel
cortile del museo e in suo luogo, sulla piazza,
è stata collocata una copia fedele.

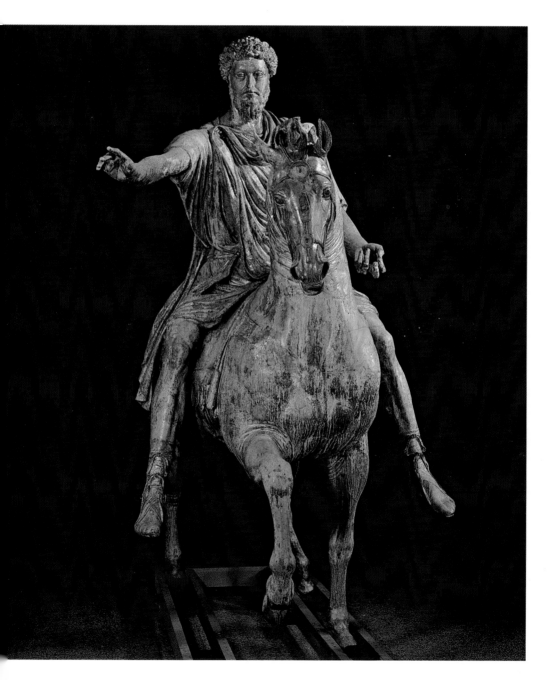

Gruppo di Polifemo

Il gruppo rappresenta Polifemo che trattiene un giovinetto sdraiato ai suoi piedi. L'opera, priva del braccio destro del ciclope e della testa del fanciullo, proviene dalle Collezioni Vaticane e reca sulla base la data di acquisizione, a opera dei Conservatori, dell'anno 1636, quando vennero integrati sia il braccio con la *syrinx* sia la testa, ritenendo le due figure "Pan e un fanciullo". Polifemo è nudo, seduto su una roccia con pelle ferina sulla coscia e con il volto caratterizzato dal terzo occhio, distintivo del ciclope figlio del dio del mare Poseidone.

Il gruppo illustra uno dei momenti più salienti dell'Odissea, quello in cui Ulisse e i compagni si trovano nell'antro di Polifemo. Questo gruppo può forse ricondursi all'archetipo ellenistico di Ulisse che tende la coppa a Polifemo e può essere datato alla tarda età imperiale.

atua colossale di Marte

a statua colossale fu rinvenuta nel XVI
colo presso il Foro di Nerva in due parti,
rso e testa staccata, e fu identificata
me Pirro, il famoso re dell'Epiro, fino a
to il Settecento.
tratta dell'immagine di Marte
ppresentato stante con la lorica (corazza
litare che richiama l'attività bellica e la
nseguente pace della quale il dio era
rante). La decorazione della lorica è
olto ricca: sul petto appaiono la testa di
Medusa e due grifi alati che fiancheggiano
un candelabro sostenuto da una palmetta.
Si notano, tra le altre decorazioni,
maschere a coppie di teste di elefante che
valsero alla statua l'identificazione con
Pirro. Notevoli sono le integrazioni: lo
scudo, parte dell'elmo e le gambe che,
sebbene si concludano con splendidi
calzari, appaiono tozze e raccorciate. La
testa del dio, con folta barba, capelli
riccioli ed elmo corinzio, induce a datare la
scultura all'età flavia, nell'ambito del I
secolo d.C. Probabilmente la statua era
collocata all'esterno del Tempio di Marte
Ultore in sostituzione del simulacro
originario danneggiato a causa di un grave
incendio.

La denominazione di "Stanzette terrene" individua i tre ambienti del piano terreno a destra dell'atrio.

Al termine della costruzione del Palazzo Nuovo ogni singolo ambiente era aperto sul portico e solo tra Sette-Ottocento e momenti successivi anche queste sale furono destinate a sede espositiva. In particolare, le stanze terrene a destra accolgono monumenti epigrafici di notevole interesse.

Tra questi sono da menzionare i frammenti di calendari romani post-cesariani in cui risulta il nuovo anno, che Cesare definì di 365 giorni, ed elenchi di magistrati detti "Fasti minori", in relazione ai più celebri Fasti esposti nel Palazzo dei Conservatori.

Nella prima stanza sono raccolti numerosi ritratti di privati romani, tra i quali si segnala quello relativo a un membro della famiglia giulio-claudia, forse Germanico, figlio di Druso Maggiore, o Druso Maggiore stesso (metà del I secolo d.C.).

lievo funerario

rilievo, di provenienza ignota, raffigura
e personaggi maschili entro una nicchia
n bordo piatto. L'uomo al centro sembra
più anziano, quello per cui fu
mmissionato il rilievo; la scritta
IV(VS)" posta sotto gli altri due, infatti,
iarisce che essi erano ancora in vita al
omento dell'esecuzione del pezzo.
re uomini sono rappresentati secondo
bbigliamento e l'atteggiamento propri
i rilievi funerari: a mezzo busto, in
sizione frontale, vestiti di tunica e toga,
da cui fuoriesce la mano destra.
In età tardo-repubblicana e augustea
questo tipo di rilievi è per lo più destinato
alla classe medio-borghese dei liberti, gli
schiavi liberati; è possibile quindi che
anche in questo caso le tre persone fossero
legate non da vincoli di parentela, ma di
servitù. Potevano aver fatto parte di
un'unica *familia*.

Cinerario di Titus Statilius Aper

L'altare-cinerario, rinvenuto sul Gianicolo, fu trasportato per ordine di Paolo III nel Belvedere in Vaticano (1542); nel 1743 Benedetto XIV lo fece trasferire nel Museo Capitolino.

Il monumento sepolcrale, notevole per le sue dimensioni e per la sua decorazione, è scolpito su tre lati; sul retro una cavità, non rifinita, doveva contenere i vasi con le ceneri. Sul plinto sono incise due iscrizioni: in una si legge che i due genitori dedicano l'altare al loro figlio *Titus Statilius Aper, mensor*

aedificiorum – una sorta di capomastro – e alla nuora *Orcivia Anthis*; l'altra è un gioco metrico sul cognome *Aper*, che in latino significa cinghiale, con riferimento al mitico cinghiale cacciato da Meleagro. Sui lati del cinerario sono riprodotti gli strumenti di lavoro di *Statilius*; al centro del coronamento, in una conchiglia, il ritratto della sua sposa.

Per ragioni stilistiche ed epigrafiche il sepolcro appartiene al I secolo d.C., periodo in cui i defunti venivano prevalentemente incinerati.

*rcofago attico con scene della vita
'Achille*

imponente sarcofago fu rinvenuto da un
rivato nel 1582, o poco prima, fuori
rta San Giovanni, tra le vie Latina e
abicana, in un mausoleo conosciuto come
Monte del Grano".

sarcofago, del tipo a *kline* (letto) di
roduzione attica, è uno dei più grandi che
siano pervenuti; decorato su tutti i lati,
esenta il retro in rilievo più basso e non
rimato, per essere forse addossato a una
arete del sepolcro.

Sul coperchio è sdraiata la coppia dei
defunti, che la fisionomia dei volti
permette di assegnare al II secolo d.C.
La narrazione scultorea è incentrata sulla
figura di Achille. Sul lato frontale, il
giovane che brandisce la spada, liberandosi
degli abiti femminei, è l'eroe greco che,
nascostosi a Sciro tra le figlie del re
Licomede per sfuggire alla guerra di Troia,
viene smascherato da Ulisse.
Ai lati della scena siedono il re
Agamennone a destra, e Licomede a
sinistra. Il lato sinistro presenta Achille che

si congeda da Licomede; sul retro egli si
prepara al duello contro Ettore; sul lato
destro, infine, Priamo chiede la
restituzione del corpo del figlio morto.

L'ampio scalone funge da collegamento tra il piano terreno e il primo piano del museo. Sulla parete di fondo sono inseriti rilievi pertinenti a sarcofagi della tarda età imperiale ed, entro le edicole, sculture, tra le quali quella di destra con una testa non pertinente al corpo, probabilmente un originale di età ellenistica.

Superata la seconda rampa, ci si ritrova nella Galleria del museo.

La lunga Galleria, che percorre longitudinalmente il primo piano del Museo Capitolino, collega le diverse sale espositive e si offre al visitatore come una numerosa e variata raccolta di statue, ritratti, rilievi ed epigrafi disposti dai Conservatori settecenteschi in maniera casuale, con un occhio rivolto più alla simmetria architettonica e all'effetto ornamentale complessivo che a quello storico-artistico e archeologico.

L'insieme risulta disordinato e disomogeneo, ma ha in sé il valore straordinario della memoria. Sulle pareti, entro riquadri, sono inserite epigrafi di ridotte dimensioni, tra le quali un consistente gruppo provenienti dal sepolcro comune (colombario) dei liberti e delle liberte di Livia.

Le sculture sono illustrate a partire dalla parete sinistra.

tua colossale di Ercole

scultura fu rinvenuta durante il
cimento della chiesa di Sant'Agnese
ri le Mura e sottoposta a un integrale
auro a opera dello scultore Alessandro
ardi (1602-1654), che probabilmente
dificò l'iconografia antica dell'Eracle
doma la cerva cerinite in quella
'Eracle che uccide l'Idra. L'opera è
nunque una rielaborazione romana,
ata da molti nell'ambito del II secolo
., di una creazione greca attribuita a
ppo.

Statua di guerriero ferito
Di questa pregevole e molto nota statua
soltanto il torso è antico e sembra trattarsi
di un'ottima rielaborazione del Discobolo
che lo scultore Mirone scolpì nel 460 a.C.
L'interpretazione come guerriero ferito in
procinto di cadere è frutto della
rielaborazione eseguita dallo scultore
francese Pierre Etienne Monnot, vissuto
tra il 1658 e il 1733.

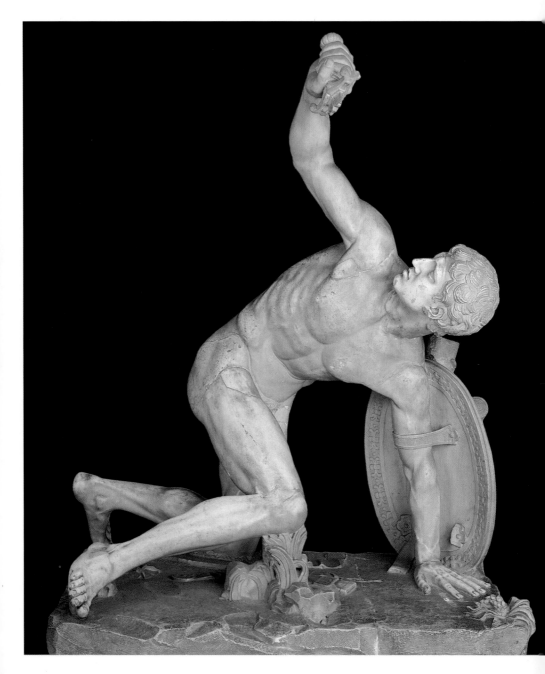

os che incorda l'arco
*q*uesta una delle migliori copie della
ma età imperiale, derivata dalla celebre
*a*zione di Lisippo che aveva
*presentato il giovane dio alato nell'atto
*n*cordare l'arco con il quale scoccava le
*c*ce d'amore.

MUNIFICENTIA · SS · D · N · BENEDICTI
PP · XIV · A · D · MDCCLIII

Statuetta di Eracle fanciullo che strozza i serpenti
La statuetta rappresenta un bambino reale, reso come il piccolo eroe. Nel ritratto si è riconosciuto il piccolo Caracalla o, più di recente, Annio Vero, figlio dell'imperatore Marco Aurelio.

tua di Leda con il cigno

ruppo è una rappresentazione scultorea
tema erotico di Leda e Zeus sotto le
oglie di un cigno. Leda, seminuda, è
ta nell'atto di sollevare il mantello con il
ccio sinistro per proteggerlo dall'aquila
atto di ghermirlo e con la mano destra
tiene il cigno. La figura è in appoggio a
tronco di albero posto sulla destra. La
ua potrebbe essere una rielaborazione
gruppo attribuito al greco Timotheos,
IV secolo a.C., e diffuso in molte
liche a partire dal I secolo a.C.

La sala, che si apre a destra, prende il nome dal celebre mosaico pavimental
rinvenuto nel 1737 nella villa di Adriano a Tivoli e conserva in gran parte
l'assetto settecentesco. Era denominata all'epoca "Stanza delle Miscellanee
per la diversità, nella tipologia dei materiali, dei pezzi che conteneva. Si
trattava per lo più di opere appartenenti alla collezione del cardinale
Alessandro Albani, la cui acquisizione è all'origine del Museo Capitolino.
I ritratti maschili e femminili di privati, disposti al tempo su mensole lungo
pareti, sono tuttora allineati allo stesso modo, seppur con qualche variazion
Dal 1817 la sala fu denominata "del Vaso" dal grande cratere marmoreo a
decorazione vegetale che ne occupava il centro, attualmente sul fondo della
Galleria del Museo Capitolino.
Le numerose iscrizioni sepolcrali romane che tappezzano la parte alta delle
pareti di questo ambiente vennero affisse nella prima metà del Settecento e
loro disposizione non è stata mai alterata.
Nel novero delle acquisizioni del XVIII secolo vanno inclusi anche i reperti
visibili nelle vetrine, all'interno delle quali sono da notare: la *tabula* bronze
(III secolo d.C.) con cui il Collegio dei *Fabri* di *Sentinum* (Sassoferrato, ne
Marche) assegnava a *Coretius Fuscus* il titolo onorifico di patrono; la *Tabul*
Iliaca, un frammento di bassorilievo miniaturistico (I secolo a.C.) con scen
dell'Iliade omerica corredate da iscrizioni esplicative; un'iscrizione bronze
dall'Aventino, contenente una dedica a Settimio Severo e alla famiglia
imperiale, posta nel 203 d.C. dai vigili della IV coorte; il Decreto di Pomp
Strabone, con cui si concessero particolari privilegi ad alcuni cavalieri
spagnoli militanti a favore dei Romani nella battaglia di Ascoli, durante la
guerra sociale (90-89 a.C.); il Senatoconsulto riguardante Asclepiade di
Clazomene e gli alleati, il più antico resto di decreto in bronzo del senato
(78 a.C.), conservato quasi per intero. Vi si legge l'attribuzione del titolo d
amici populi Romani a tre navarchi greci che avevano combattuto al fianco
dei Romani nella guerra sociale, o forse in quella sillana (83-82 a.C.). Il tes
è redatto in latino con una traduzione greca, rimasta nella parte inferiore
della tavola, che ha permesso l'integrazione dello scritto mutilo.

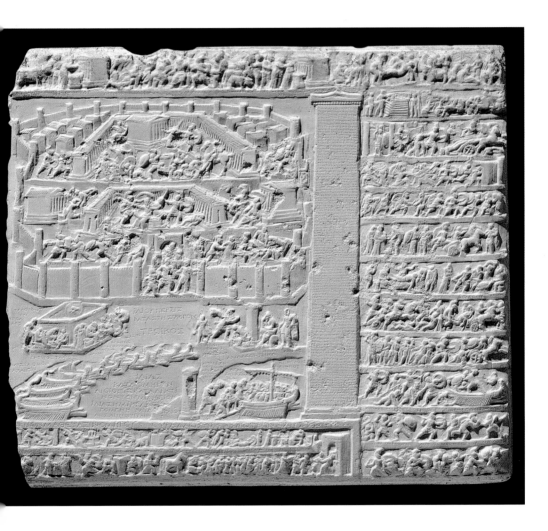

Mosaico delle Colombe

Il mosaico, che ha dato il nome alla sala, fu scoperto nel 1737 al centro del pavimento di una stanza della villa di Adriano a Tivoli. L'immagine è costituita da quattro colombe sul bordo di un vaso bronzeo a cui una di esse si abbevera; sotto la maniglia una figura in rilievo sembra sostenerla. Nell'incorniciatura una decorazione ad astragalo ricorda motivi architettonici. Il mosaico comunque non è intero; il bordo decorato con una ghirlanda, che fece parte della Collezione Albani, venne donato a Federico di Sassonia e ora è esposto all'Augusteum di Dresda.

Si tratta di un riquadro figurato (*émblema*) composto da minutissime tessere policrome, marmoree e vitree, posto al centro della sala adrianea. Questo tipo di raffigurazioni, realizzate in età romana per ricchi committenti, si differenziava dal resto del pavimento a mosaico, costituendone il motivo di pregio.

L'*émblema* è una copia di quello del mosaicista Sosos, operante a Pergamo nel II secolo a.C. Ne abbiamo altre copie, diverse nei particolari, tra cui una nella Casa del Fauno a Pompei, ma questa da Villa Adriana (II secolo d.C.) è la più vicina allo schema originale; la notevole perizia della sua esecuzione crea un effetto pittorico sorprendente.

osaico delle maschere sceniche
mosaico, trovato nel 1824 nella Vigna dei
esuiti sull'Aventino, di fronte alla chiesa di
nta Prisca, sul luogo delle terme costruite
ll'imperatore Traiano Decio (249-251
.C.), fu acquistato e collocato in questa sala
ll'allora papa Leone XII (1823-1829).
iffigura due maschere poggiate sullo
occolo aggettante di due pareti disposte ad
golo, viste in prospettiva; a una parete
no appoggiati due flauti, che proiettano su
essa la loro ombra. La maschera femminile
ritrae una donna con grandi occhi e bocca
spalancata; tra i capelli, arricciati a lunghi
boccoli, è legato un nastro, annodato a
fiocco sopra il centro della fronte. Nell'uomo
i tratti fisionomici sono accentuati e
ridicolizzati: la bocca enorme, il naso largo e
schiacciato, gli occhi sporgenti, le guance
raggrinzite; sulla testa una corona di edera e
bacche, ornamento legato al culto
dionisiaco, che tanta parte ha avuto nella
nascita del teatro greco. Le maschere
appartengono a due "tipi" della Commedia
Nuova, sviluppatasi con l'età ellenistica:
la giovane donna, talvolta triste per le sue
sciagure, e lo schiavo, pauroso e beffardo.
L'opera, realizzata con tessere marmoree
policrome da un artista attento ai valori
prospettici e ai giochi di luce e ombra,
fungeva probabilmente da *émblema*
pavimentale in un edificio imperiale
sull'Aventino.
Si considera appartenente al II secolo d.C.,
forse di età adrianea.

Statua di fanciulla con colomba
La statua, posta al centro della sala, rappresenta una fanciulla che protegge una colomba dall'assalto di un serpente, riparandola nella piega del mantello che copre la lunga tunica. Il serpente è il frutto di un restauro moderno.
Si tratta di una copia romana da un originale ellenistico, età durante la quale si sviluppa l'attenzione per gli aspetti della vita quotidiana, indagata in tutte le sue forme. Tipica è la rappresentazione dei bambini, spesso colti nel gioco, come in questa scultura. In particolare, il motivo figurativo della fanciulla con colomba trova un possibile antecedente nei rilievi delle stele funerarie greche del V e del IV secolo a.C.

rna cineraria di Lucilio Felice

condo quanto testimonia Pirro Ligorio,
rna fu trovata in una tomba sulla via Appia
l coperchio probabilmente non è
rtinente.
ogni specchio dell'urna, ottagonale, è
ppresentato un amorino: tre suonano
rumenti musicali, uno porta una lanterna,
altro sta accendendo la sua fiaccola,
ltimo danza. Al di sopra degli Eroti è una
corazione di lauro e vite e maschere
eniche. Si tratta di un'opera di fresca
ecuzione, probabilmente di età neroniana.

Statua di vecchia ebbra

La scultura, riassemblata da più frammenti e
pesantemente integrata, riproduce una
vecchia che stringe un vaso di vino. L'opera
rientra nel novero delle rappresentazioni
ellenistiche dei personaggi dediti a vizi e
rappresentati nella loro degradata
quotidianità. Assai realistica è la resa delle
vene e delle rugosità della pelle che, con il
particolare preziosismo del panneggio, induce
a ritenere che possa trattarsi della copia di
un'opera di III secolo a.C., realizzata a Smirne
da un Mirone noto per una *anus ebria*.

Teste colossali di divinità

Due teste di notevoli dimensioni sono
poste una di fronte all'altra, frammenti
superstiti di statue di culto che dovevano
essere scolpite per parti, secondo la
tecnica acrolitica. Questo tipo di sculture
veniva forse eseguito a Roma da
maestranze di ambiente attico, attive, come
testimoniano le fonti, nel II secolo a.C.

La piccola sala poligonale che si apre a tre quarti della Galleria, realizzata nei primi decenni del XIX secolo, crea una suggestiva ambientazione, tipica di un ninfeo, alla mirabile scultura della Venere Capitolina.

nere Capitolina

scultura, di dimensioni di poco maggiori
l vero, fu rinvenuta nei pressi della basilica
San Vitale intorno al 1667-1670, e fu
quistata e donata alle collezioni capitoline
papa Benedetto XIV nel 1752. È una
lle più note statue del museo e vanta una
rie di riproduzioni anche all'interno di
lezioni internazionali.

un marmo pregiato (probabilmente pario)
appresentata la dea Venere-Afrodite
cente dal bagno nuda, in raccoglimento,
otesa in avanti con le braccia poste ad

assecondare le rotondità del corpo di
ossatura fine, morbido e carnoso, e a coprire
petto e pube. La gamba destra è flessa e
avanzata, e la sinistra è in appoggio. La testa
è leggermente piegata verso sinistra e
presenta una capigliatura complessa a mo' di
cercine con un nodo alto "a fiocco" e
ciocche ricadenti a toccare le spalle.
L'espressione del volto sembra incentrata
a una "assenza", psicologicamente resa
dagli occhi piccoli e languidi, e dalla bocca
piccola e carnosa.
La scultura ha definito il cosiddetto "tipo

Capitolino", del quale sono a tutt'oggi
conosciute ben cento repliche. Si tratterebbe
di una variante della Venere pudica. Gli
studiosi hanno a lungo dibattuto per
l'individuazione dell'ambito cronologico in
cui situare l'immagine della dea e per fare
chiarezza sulla cronologia delle copie. La
Capitolina potrebbe ritenersi, forse, una
delle prime e più fedeli repliche,
probabilmente destinata, come tutte le
raffigurazioni di questo tipo, ad adornare un
complesso antico di notevole raffinatezza,
nell'ambito del I secolo a.C.

In questa sala del Museo Capitolino, fin dall'apertura al pubblico, avvenuta nel 1734, i curatori delle raccolte artistiche vollero esporre tutti i busti, le erme e i ritratti raffiguranti gli imperatori romani e i personaggi della cerchia imperiale, tanto sicuramente identificati, quanto puramente induttivi. Le opere qui esposte sono il frutto di una selezione ragionata che ha interessato questa particolare sezione della raccolta nel corso dell'ultimo secolo, venendo ampiamente sfoltita e ridisposta secondo criteri storici e logico-tematici più rigorosi e conseguenti. Attualmente nella Sala degli Imperatori si trovano esposti 67 tra busti e ritratti e al centro una statua femminile seduta, mentre le pareti sono ornate da 8 rilievi antichi e da un'epigrafe onoraria moderna.

I busti, disposti in gran parte su doppia fila di mensole marmoree, danno modo al visitatore di seguire cronologicamente lo sviluppo della ritrattistica romana dall'età repubblicana al periodo tardo-antico, offrendo una esemplificazione ricca dal punto di vista numerico e particolarmente notevole sotto l'aspetto qualitativo.

Il percorso di visita si snoda elicoidalmente in senso orario; parte dalla mensola superiore immediatamente a sinistra, entrando dalla Sala dei Filosofi, per terminare all'estremità della mensola inferiore subito a destra della menzionata porta di passaggio. Sono presenti due ritratti di Augusto, primo dei quali è relativo a un momento di poco successivo alla vittoriosa battaglia di Azio (31 a.C.), che ne segnò l'ascesa, mentre il secondo ci offre l'imperatore già nella piena maturità, cinto il capo da una trionfale corona di quercia, sereno e consapevole della sua *auctoritas*. A questo ritratto di Augusto si può avvicinare il ritratto dell'imperatrice Livia, sua consorte, impreziosito da un ricco e alto diadema con trofeo di spighe e boccioli, nelle vesti della benefica e frugifera dea Cerere.

Nella serie dei ritratti relativi alla primissima età imperiale, sono altresì da notare quello di Agrippina Maggiore, sfortunata moglie di Germanico, con la tipica acconciatura dei capelli disposti a ricciolini sulla fronte, e quello piuttosto raro dell'imperatore Nerone, giovanissimo e relativo alla prima parte del suo regno.

Notevole è la serie degli imperatori della casata flavia con Vespasiano, Tito Giulia e Nerva.

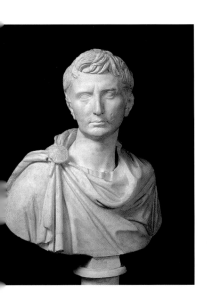

Particolarmente completa ed esauriente appare la raccolta dei ritratti
relativi al II secolo d.C., tra i quali spiccano Traiano e Plotina, Adriano,
Antonino Pio e Faustina Maggiore, Marco Aurelio e Faustina Minore,
Lucio Vero e Commodo. Nella serie maschile degli imperatori si può
seguire l'evoluzione nel modo di portare i capelli e la barba (fino ad allora
perfettamente rasata e in seguito portata lunga, "alla greca",
nell'intento d'apparire ispirati e filosoficamente impegnati), mentre
nella serie femminile l'evoluzione delle acconciature dei capelli,
da quelle alte e frastagliate "a impalcatura" di tradizione flavia a quelle
caratterizzate da una più o meno alta crocchia "a ciambella" tipica
per tutta l'epoca antonina.
Ben rappresentata è anche la casata severiana (193-217 d.C.),
con i ritratti di Settimio Severo, impostato su di un imponente busto
d'alabastro verde, di Giulia Domna, sua moglie, e dei figli Geta e
Caracalla, e inoltre di Elagabalo, Massimino il Trace, Traiano Decio,
Aurelio Probo e Diocleziano.
La serie imperiale si chiude con la testa del giovane Onorio (384-423
d.C.), il più piccolo dei figli dell'imperatore Teodosio, preludio dei modi
figurativi dell'arte bizantina.
Nella sala sono conservati numerosi ritratti femminili, con complesse
acconciature, in qualche caso parrucche dai riccioli molto elaborati. Tra
loro spiccano Faustina Maggiore (sposa di Antonino Pio) e Faustina
Minore, che cambiava acconciatura a ogni nascita di figlio e della quale
pertanto si conoscono otto tipi. Molto pregevole è il ritratto della "Dama
flavia", dalla complessa e articolata acconciatura e dai raffinati tratti del
volto. Singolare è il busto policromo di Dama romana, il cui ritratto
proviene da Smirne ed è datato al periodo di Alessandro Severo. Come
molti altri di questo tipo e di questo periodo, era composto per parti, con
l'inscrimento distinto della chioma; in età moderna fu restaurata la
capigliatura, forse perduta, in nero antico.

In questa sala, analogamente all'attigua Sala degli Imperatori, fin dalla fondazione del Museo Capitolino si vollero raccogliere ed esporre i ritratti, i busti e le erme raffiguranti le fattezze di poeti, filosofi e retori dell'antichità greca di epoca classica ed ellenistica, le cui immagini nell'età romana (secondo una moda introdotta dal letterato Asinio Pollione nella seconda metà del I secolo a.C.) decoravano biblioteche pubbliche e private, case gentilizie, ville e parchi di facoltosi e sensibili cultori delle arti e della filosofia.

I collezionisti rinascimentali vollero arricchire i loro palazzi e le loro raccolte con le effigi più rappresentative di tanti uomini illustri.

Nella Sala dei Filosofi ne sono attualmente esposti 79. Molti sono i ritratti di cui è stata determinata l'identità del personaggio, alcuni certamente "di ricostruzione", creati cioè molto tempo dopo la morte del personaggio e quindi solo vagamente ricollegabili alle fattezze reali, altri invece, dall'epoca ellenistica in poi, che riproducono con una certa fedeltà le diverse fisionomie.

La raccolta si apre con una numerosa rappresentanza di erme raffiguranti Omero, il più celebre poeta dell'antichità, raffigurato convenzionalmente nell'aspetto di vecchio, barba e chioma fluenti, con gli occhi ormai spenti a testimoniare la leggendaria cecità fisica, ma anche la profonda sensibilità e conoscenza dell'anima e del destino dell'uomo. Il prototipo di questo ritratto può attribuirsi alla scuola artistica rodia e si colloca cronologicamente intorno al 200 a.C.

Di ricostruzione è il ritratto di Pindaro, altro celebre poeta greco, il cui prototipo statuario risale a un momento artistico influenzato dallo stile severo (prima metà del V secolo a.C.).

Interessante è anche il ritratto identificato con Pitagora, il famoso filosofo e matematico di Samo, caratterizzato dal piatto turbante che ne avvolge la testa.

Socrate è reso secondo il ritratto creato da Lisippo intorno alla metà del IV secolo a.C., circa mezzo secolo dopo la morte del filosofo: è raffigurato quasi nell'aspetto di un sileno, con il naso carnoso rivolto all'insù, gli occhi rotondi e sporgenti, la fronte bombata e la larga bocca dalle labbra tumide.

Sono presenti, inoltre, i ritratti raffiguranti i tre più noti poeti tragici ateniesi. Eschilo è rappresentato con il volto dai tratti pieni e definiti, ornato da una barba stilizzata e ornamentale, forse da un prototipo della metà circa del V secolo a.C. Sofocle ha la testa quadrata e massiccia, barba e capelli trattati a ciocche brevi e corpose serrate da un nastro. Euripide è mostrato già avanti negli anni, stempiato e con i lunghi capelli che gli coprono le orecchie. Il prototipo, che risente dell'impronta stilistica lisippea, può datarsi intorno al 320 a.C.

Tra i tanti ritratti di personaggi celebri della grecità, sono esposti in questa sala anche alcuni ritratti originali d'epoca romana, tra cui il busto di Cicerone, celebre statista e letterato, rappresentato poco più che cinquantenne nel pieno delle sue energie intellettuali e politiche. L'impostazione generale trae origine e spunto dalla ritrattistica greca d'epoca tardo-ellenistica, ma ben evidenti appaiono le intenzioni realistiche del più autentico ritratto romano d'età repubblicana.

Questo ambiente costituisce per la sua ampiezza e monumentalità lo spazio maggiormente rappresentativo dell'intero complesso museale capitolino. La "Sala grande nel mezzo" fu decorata e progettata a creare una grande unitarietà fra l'ambiente espositivo e le statue da esporre. Le quattro pareti furono ripartite in sezioni verticali. In esse la cadenza dell'ordine architettonico dosa la studiata ripartizione dello spazio e si raccorda con il grande cassettone secentesco nel quale la spettacolarità tipicamente barocca si esprime nella diversità delle forme geometriche dei cassettonati con un intreccio di ottagoni, rettangoli, figure miste, ed è esaltata dalla ricchezza dell'intaglio dei rosoni variamente scolpiti. Al centro lo stemma di Innocenzo X Pamphili, artefice del completamento del palazzo. I recenti restauri hanno recuperato le cromie delle superfici, mettendone in risalto la ricchezza compositiva. Da sottolineare il grande portale che si apre nella parete lunga di comunicazione con la Galleria, progettato da Filippo Barigioni nella prima metà del Settecento, ad arco, con due Vittorie alate di pregevole fattura.

Apollo con la cetra

La statua fu acquistata da Clemente XII per la somma di 1.000 scudi dal duca di Palombara nel 1734. La scultura è una copia romana di un'elaborazione dell'Apollo Liceo di Prassitele, raffigurato come citaredo. Sappiamo che l'originale era ad Atene dalla testimonianza di alcune monete, su cui era raffigurata la statua, e da un breve cenno del poeta Luciano, che non menziona l'autore dell'opera e rappresenta il dio con l'arco che riposa dopo una lunga fatica. Questo tipo statuario fu oggetto di molte elaborazioni fino alla tarda età ellenistica e da ciò derivò anche l'incertezza dell'attribuzione a Prassitele. L'Apollo citaredo del Museo Capitolino è una delle rielaborazioni più complete e più vicine al tipo originario. All'arco è sostituita la cetra appoggiata al tripode che funge da sostegno. Il dio non sembra riposarsi stanco da una lunga fatica, ma assorto in una divina ispirazione: qui è subentrato un nuovo elemento psicologico rispetto a quello originario della stanchezza e del riposo, dando all'opera un'impronta originale. Questa creazione dell'Apollo citaredo non si può attribuire a Prassitele né suoi figli; è probabile che sia una variante più tarda, di epoca ellenistica, da ascriversi allo scultore attico Timarchides, vissuto nella prima metà del II secolo a.C., al quale fu commissionata una statua di Apollo per il Circo Flaminio e capostipite di una famiglia di scultori attiva a Roma per tutto il II secolo a.C., come testimoniato da Plinio (*Storia naturale*, XXXVI, 35).

ollo dell'Omphalos
pollo dell'*Omphalos* è così chiamato
rché in una delle copie più integre,
osta al Museo di Atene, è conservato
mphalós, roccia ricoperta da rete,
erata a Delfi. Proveniente dalla
llezione Albani, quella capitolina è una
pia romana di buona fattura
l'originale greco attribuito a Kalamis
70–460 a.C.). Alcuni studiosi vi
onoscono l'Apollo *Alexíkakos*,
ontanatore del male, votato ad Atene per
la guarigione dopo la pestilenza del 430-
427 a.C., altri individuano come prototipo
l'Apollo scolpito da Onathas (490–460
a.C.). Sia la struttura anatomica, resa con
masse essenziali, sia il volto del dio con
espressione benevola, sia l'acconciatura "a
treccia serrata" intorno alla testa, sono
elementi che indicano il passaggio dallo
stile severo a quello classico.

Cacciatore con lepre
La statua fu rinvenuta nel 1747 nei pressi
di Porta Latina. Raffigura un giovane nudo
che mostra la sua preda, una lepre, e con la
mano sinistra si appoggia all'asta.
Nell'insieme si tratta di un *pastiche* del III
secolo d.C.: il ritratto è di un personaggio
del II secolo, dalle forme tipiche dell'epoca
di Gallieno; il corpo invece dipende da un
originale greco della metà del V secolo a.C.
che rappresentava Perseo in atto di
sollevare il capo di Medusa.

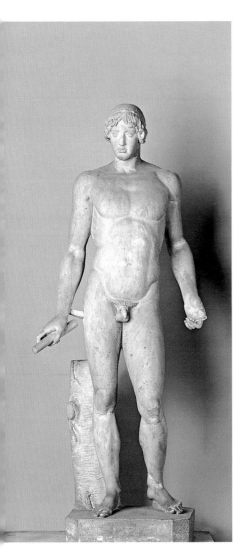

Arpocrate

La scultura fu rinvenuta in una camera delle sostruzioni del "Pecile" di Villa Adriana a Tivoli nel 1741 e fu donata alle collezioni capitoline da Benedetto XIV nel 1744.
Il dio, figlio di Iside e Osiride, è rappresentato nudo, impubere, con forme molli e carnose, in appoggio sulla gamba destra, dietro alla quale è inserito, fino all'altezza della rotula, un tronco di palma che reca i frutti.
La gamba sinistra, lievemente flessa, è appena scartata all'indietro. La linea alba è appena segnata e il ventre è rotondo e leggermente prominente. I glutei, tondi e ben delineati, contribuiscono a evidenziare la giovine età del dio.
Il braccio destro, appena spostato in avanti, è piegato, con la mano appoggiata all'altezza della mammella destra e il dito indice, sollevato e assicurato al mento da un piccolo puntello, è posto a sfiorare il labbro inferiore nel consueto atteggiamento del silenzio. In età romana tale gesto fu interpretato come un atteggiamento mistico volto ad assicurare i segreti della religione. Il braccio sinistro, distanziato rispetto al corpo mediante l'inserimento di un puntello all'altezza dei fianchi, è proteso in avanti e piegato, mentre la mano sinistra stringe tra le dita, ben modellate, il corno. La testa, di raffinata esecuzione, è appena inclinata verso sinistra a sottolineare la particolare espressione del fanciullo. Piccole ciocche sulla sommità della fronte, rese con lievi incisioni, formano una corta frangia che scende al di sotto della

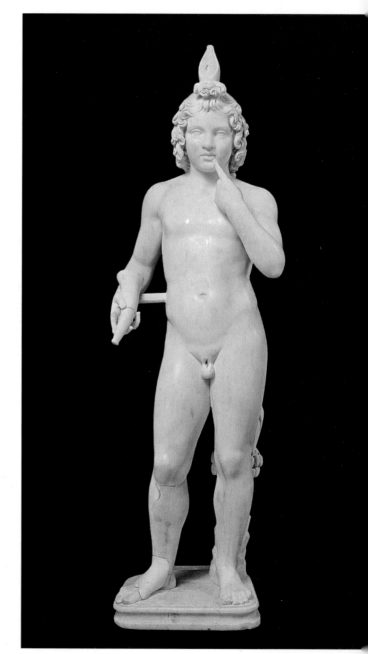

cia calotta sormontata da un ciuffo nnodato con un nastro, a rendere il motivo llo *pschent* (corona del Basso e Medio itto). L'uso assai abile del trapano nella bigliatura e l'esecuzione dell'iride, diante la depressione del bulbo oculare, ggeriscono di datare la scultura all'età iianea. L'iconografia è forse assimilabile a ella di un originale alessandrino, di rivazione prassitelica, noto anche raverso numerose repliche in bronzo di otte dimensioni.

Amazzone "tipo Capitolino"
Viene denominato anche "tipo di Sosikles" dalla firma apposta su questa importante replica. Generalmente attribuita a Policleto, la statua, di dimensioni di poco maggiori del vero, è appartenuta alla Collezione Albani. Integrata dal Napolioni, maestro del Cavaceppi, presenta il braccio destro sollevato, forse in origine brandente la lancia sulla quale la figura era in appoggio. La testa è volta verso la gamba destra, mentre il

braccio sinistro solleva il lembo del panneggio dal quale emerge la ferita.

Centauri "Furietti"

Poste al centro della sala, le due statue furono rinvenute nella Villa Adriana a Tivoli negli scavi del cardinale Furietti e acquistate per il Museo Capitolino da Clemente XIII nel 1765. Le sculture, in marmo bigio morato, sono firmate da Aristeas e Papias, artisti di Afrodisia, città dell'Asia Minore, sede di una scuola di abili copisti di opere greche, alcuni dei quali, negli ultimi decenni del I secolo d.C., si trasferirono a Roma, dove la munificenza degli imperatori e dei privati poteva fornire loro un lavoro continuo e ben retribuito. All'epoca di Adriano (II secolo d.C.) risale il maggior numero di sculture conosciute tra cui i Centauri dei Capitolini.

Si tratta di statue molto celebri per la maestria della lavorazione e per la rarità del materiale, un marmo pregiato che si estraeva dalle cave del promontorio di Capo Tenaro in Laconia. Particolari anatomici e differenziazione della resa dei tratti del volto concorrono a caratterizzare l'età e i sentimenti dei Centauri: il giovane è allegro e gioioso, il vecchio stanco e sofferente. Evidente è la ricerca di effetti metallici nella resa delle chiome, della barba e delle code, da cui si presume la derivazione da originali in bronzo.

La sala ebbe questo nome dal 1817, quando al centro fu collocato il Fauno. Le pareti sono coperte di iscrizioni inserite nel Settecento, divise per gruppi a seconda del contenuto e con una sezione creata per i bolli di mattone. Tra i testi epigrafici spicca, sulla parete di destra, la *Lex de imperio Vespasiani* (I secolo d.C.), decreto con il quale si conferisce particolare potere all'imperatore Vespasiano. Questo prezioso documento, testimoniato dal Trecento in Campidoglio, è in bronzo e ha una particolarità tecnica: il testo non è inciso, ma redatto in fusione.

Fauno ebbro in marmo rosso antico
La scultura, di pregevole marmo rosso antico, fu rinvenuta nel 1736. Il delicato e laborioso lavoro di restauro fu affidato a Clemente Bianchi e a Bartolomeo Cavaceppi. Numerose aggiunte in marmo rosso granato, con evidenti venature grigiastre, non hanno modificato particolarmente la struttura o l'immagine antiche. La scultura destò l'ammirazione dei viaggiatori e dei catalogatori del museo fin dal 1746, quando fu acquistata per le collezioni capitoline.

La figura è in appoggio sulla gamba destra, mentre la sinistra, conforme all'originale, è avanzata e mostra il piede ruotato verso l'esterno, a indicare il ritmo della danza. La linea alba è ben delineata, le partizioni dei muscoli addominali sono segnate da solchi incisi, poco marcati, mentre il margine inferiore dell'addome ha un andamento a semicerchio. La parte alta del torso, caratterizzata dalla presenza della *nebrís* (pelle di cerbiatto) annodata sulla spalla destra, ha masse muscolari ben delineate con

digitalizzazione delle costole. Il volto, incorniciato da lunghe basette separate in ciocche, ha zigomi sporgenti, bocca semia... in un sorriso che lascia visibile la corona de... denti. Le cavità orbitali, vuote, probabilme... dovevano essere riempite con inseriment... metalli o pietre dure. Questo tipo di imma... fu probabilmente utilizzata in contesti decorativi di *horti*, proprio in coincidenza... l'esaltazione dei motivi bucolici, e si diffus... sculture di età romana che riprendevano te... del maturo ellenismo, del tardo II secolo a...

Questa sala prende il nome dalla scultura centrale (Galata Capitolino),
erroneamente ritenuto un gladiatore in atto di cadere sul suo scudo
all'epoca dell'acquisto da parte di Alessandro Capponi, presidente del
Museo Capitolino.

Amazzone

La scultura è generalmente identificata con il tipo della Amazzone ferita che si fa risalire al modello scolpito da Fidia, il quale avrebbe ripreso il tema dell'Amazzone vinta, caro alla cultura ateniese del V secolo a.C. Il gusto delicato e luministico del panneggio avvicina questo tipo alle Amazzoni rappresentate nel fregio del Partenone. L'appoggio è sulla gamba destra, e anche il braccio destro è sollevato a trattenere l'arco. La statua proviene da Villa d'Este (che in antico faceva parte del perimetro della Villa Adriana) e fu donata dal papa Benedetto XIV nel 1753. La comprensione del tipo è resa molto difficile dai consistenti restauri, quasi una ripresa totale del motivo dell'Amazzone ferita, operati dallo scultore Bartolomeo Cavaceppi, al quale si deve un gran numero di interpolazioni settecentesche.

tiro in riposo

statua fu donata al Museo Capitolino
papa Benedetto XIV nel 1753.
duta ai Francesi in seguito al trattato
Tolentino, fu restituita alle collezioni
pitoline nel 1815.
scultura rappresenta un giovanc Satiro,
onoscibile per le orecchie ferine
rticolarmente appuntite, con il gomito
stro appoggiato a un tronco d'albero in
a posa di molle abbandono. Tutta la
ura è disposta su un piano obliquo,
piegata di lato, secondo il tipico
atteggiamento detto "prassitelico", con un
ramo utilizzato per puntello. Nella mano
destra stringe il flauto mentre la gamba è
piegata e spostata indietro; la gamba
sinistra è diritta, con il piede in appoggio,
controbilanciata dal braccio divaricato
dal corpo e dall'avambraccio ruotato
indietro con il dorso della mano adagiato
sul fianco sinistro. Dalla spalla destra
al fianco sinistro, obliquamente, è posta
la pelle di pantera ricadente anche sulle
spalle e sul dorso con pieghe ricche raccolte
dal nodo posto all'altezza dell'anca.
Il restauro da poco ultimato ha evidenziato
resti molto consistenti di una patina
di colore giallo sulle ciocche dei capelli,
probabile preparazione alla doratura.
La scultura è concordemente interpretata
come una copia del Satiro *Anapauómenos*
("in riposo") di Prassitele, riprodotto
in numerose repliche durante l'età romana,
utilizzate come ornamento in boschetti
e ninfei di ville.

MUNIFICENTIA·SS·D·N·BENEDICTI
PP·XIV·A·D·MDCCLIII

Statua di Hermes-Antinoo Albani
La statua compare nell'inventario del cardinal Albani del 1733 come "Antinoo proveniente da Villa Adriana", acquistato da papa Clemente XII per il Museo da poco costituito. Il reinserimento della testa che accompagna il ritmo del corpo, inclinata verso il basso e leggermente ruotata verso destra, fu eseguito con estrema precisione, come è emerso dal recente lavoro di restauro. In comune con l'iconografia di Antinoo è la torsione del collo e il reclinare del capo dallo sguardo rivolto verso il basso. Se, quindi, non è possibile catalogare la scultura con precisione come raffigurazione del giovane divinizzato dopo la sua tragica fine, è, tuttavia, ipotizzabile il richiamo a tratti fisionomici del giovinetto nella rappresentazione della divinità. La provenienza da Villa Adriana può far pensare che l'imperatore stesso, raffinato committente, abbia fatto eseguire l'opera da maestri di scultura attivi a Roma, con un evidente richiamo a opere classiche di immediata interpretazione. L'assenza di attributi qualificanti, la mutata posizione d[...] braccia, e la compresenza di temi ed eleme[...] tipici del sincretismo culturale di questo periodo rendono incerta l'interpretazione [...] soggetto e il riconoscimento della mano di [...] grande autore che gli studiosi individuano in Prassitele, ora in Euphranor, ora in Poli[...] Infatti, un recente studio riconosce affinit[...] della scultura con un bronzetto rappresent[...] Hermes, conservato a Parigi al Petit Palais, [...] replica di età romana di un originale policl[...] ascrivibile alla prima attività del maestro ar[...]

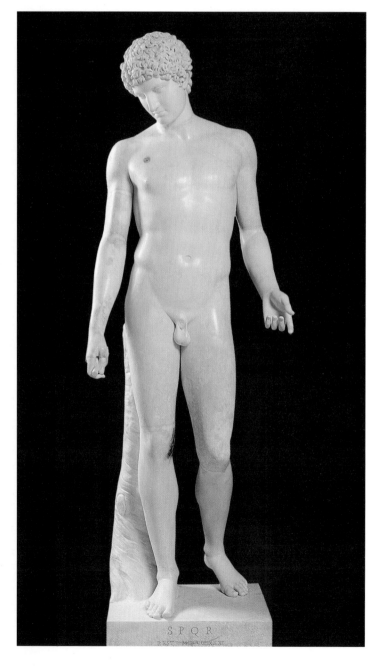

lata Capitolino

scultura, più volte replicata su incisioni
isegni, è forse la più nota dell'intera
lezione. Fu acquistata nel 1734 dalle
ue che erano parte della Collezione
dovisi e probabilmente era stata
venuta dai Ludovisi stessi nell'area della
villa. Questa insisteva sugli *Horti*
ichi di Cesare, passati poi in eredità allo
rico Sallustio. Con grande pathos
igura un Gallo (Galata) ferito, del quale
gono messi bene in evidenza gli

attributi: scudo, *torques* al collo, nudità del
corpo, ciocche dei capelli scompigliate e
baffi. La ferita ben visibile indica la volontà
di rendere il guerriero nell'ultimo istante
di resistenza al dolore. L'immagine è forse
pertinente al grande donario di età
pergamena che Attalo volle porre lungo la
terrazza del tempio di *Athena Nikephóros*
per celebrare le vittorie sui Galati. Forse
pertinente al donario è anche il gruppo
Ludovisi, oggi a Palazzo Altemps. Gli
studiosi non sono concordi nel datare

questa splendida scultura: ultimamente è
stata avanzata l'ipotesi della datazione della
copia in età cesariana, ma anche quella che
possa trattarsi di copia diretta o
dell'originale pergameno.

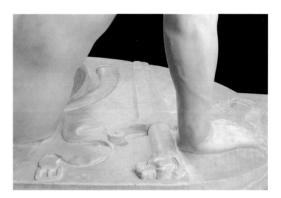

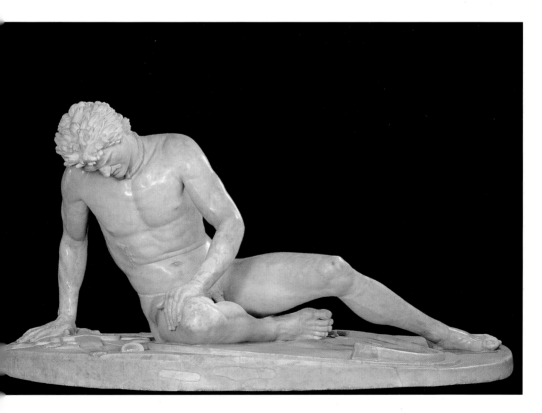

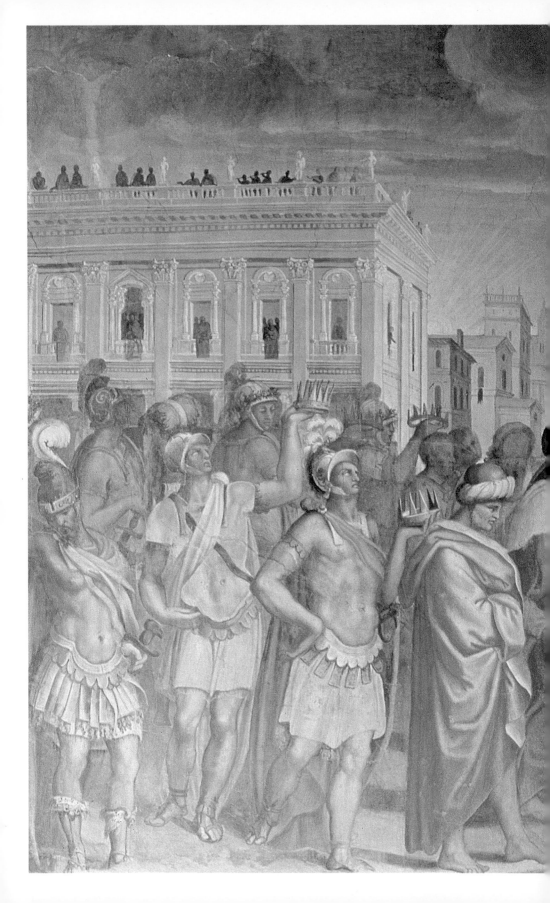

ALAZZO
EI CONSERVATORI
LEMENTINO
AFFARELLI

ano 0

> Biglietteria

] Libreria Capitolina

> Guardaroba

] Ascensore per disabili

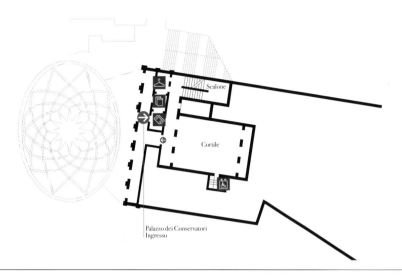

ano 1

Sala degli Orazi e Curiazi
Sala dei Capitani
Sala dei Trionfi
Sala della Lupa
Sala delle Oche
Sala delle Aquile
Sala Verde
Sala Gialla
Sala Rosa
Sala degli Arazzi
Sala di Annibale
La Cappella
XIV XV Sale dei Fasti Moderni

Libreria Capitolina

Ascensore per disabili

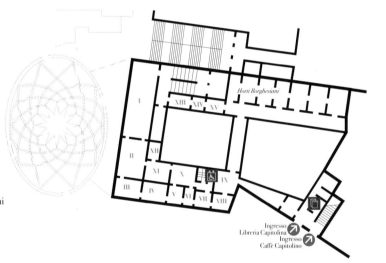

ano 2

acoteca

III IV V VI Sale
Sala di Santa Petronilla
Sala Pietro da Cortona
Galleria Cini

 Caffè Capitolino

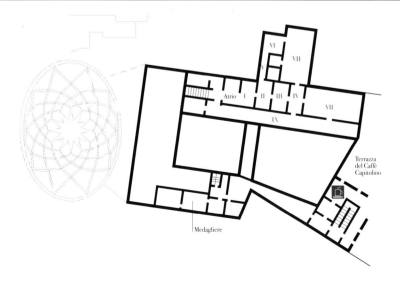

Palazzo dei Conservatori

La sede della magistratura cittadina, affidata dagli statuti cittadini ai Conservatori almeno a partire dal 1363 con il compito di affiancare il Senatore nel governo della città, sorse, a opera del pontefice Niccolò V, intorno alla metà del XV secolo ("*is summus pontifex* [...] *aliud (palatiu*
Conservatorum a fundamenta construi [...] *facit*"). Il luogo era precedentemente (almeno dal XIV secolo) occupato dalla sede dei Banderesi, capitani della milizia cittadina organizzati nella "felice societ
dei balestrieri e pavesati".
Le immagini che illustrano i palazzi capitolini prima della trasformazion
di Michelangelo mostrano un edificio caratterizzato da un lungo portico ad archi e colonne, sul quale si aprivano gli ambienti sedi delle corporazioni di arti e mestieri. La parte alta della facciata era contraddistinta da una serie continua di finestre crociate, che davano luc
alle sale principali del piano nobile, mentre alle estremità si trovavano du
logge con aperture bifore verso la piazza; una loggia a tre archi segnava anche la facciata che dava sul Campo Marzio.
Il cortile, cui si accedeva dal portico sulla piazza, era di dimensioni più piccole dell'attuale (un documento ne testimonia l'ampliamento nel 152
ed era caratterizzato, sul lato destro, da una serie di arcate ogivali, che lo mettevano in comunicazione con un ambiente laterale, prima sed
dello "statuario" capitolino. Una scala a unica rampa conduceva al piano superiore.
L'intervento di Michelangelo, che ebbe inizio nel 1563, trasforma l'anti
palazzo, ancora di impianto medioevale, in un edificio dalla classica nobiltà, secondo un linguaggio elaborato durante la sua lunga esperienz
architettonica romana. La facciata fu dunque completamente ripensata, imbrigliandola in uno schema geometrico a due ordini: quello corinzio delle paraste giganti che percorrono e scandiscono tutta la struttura, e quello ionico delle colonne che sorreggono le volte del portico. Nel cortile, nella fronte corrispondente all'ingresso, Michelangelo ripropos
lo stesso schema della facciata, sottolineando però maggiormente la divisione in due ordini, mentre sul fondo sistemò, secondo uno schema tramandato da un disegno antico, i Fasti Consolari e Trionfali trovati ne
1546 nel Foro Romano. Trasformazioni si ebbero anche nell'assetto

interno del palazzo, con la costruzione dello scalone monumentale, e nella disposizione delle sale dell'Appartamento dei Conservatori, tanto che in quest'occasione andò perduto il ciclo di affreschi del primo Cinquecento che decorava le sale affacciate sulla piazza.

Un ultimo intervento nel cortile, che fu realizzato sotto il pontificato di Clemente XI (1720) da Alessandro Specchi, riguardò la sistemazione del lato di fondo, dal quale erano stati rimossi già da tempo (1586) i frammenti dei Fasti antichi per essere trasferiti in una sala al piano superiore. Lo Specchi, attenendosi al disegno architettonico michelangiolesco, approfondì il portico creando uno spazio monumentale per la sistemazione delle prestigiose sculture antiche appena acquistate dalla Collezione Cesi: la dea Roma sedente e le colossali figure di barbari in marmo bigio morato.

Cortile

Palazzo
dei Conservatori

Il Cortile del Palazzo dei Conservatori, sul cui lato destro si conserva la
memoria degli archi ogivali che davano accesso alla sala dello "statuario"
ha sempre rappresentato, fin dalla prima formazione delle raccolte
capitoline di antichità, il luogo privilegiato, una sorta di punto di
attrazione per l'appropriazione e la conservazione della memoria
dell'antico: erano, le opere che via via affluivano nel palazzo, i pegni della
continuità culturale lasciati dal mondo antico, una sorta di ponte di
collegamento virtuale con un passato glorioso.
Sul lato destro si trovano i frammenti della statua colossale marmorea di
Costantino. Si tratta delle diverse parti – la testa, le mani, i piedi, parte
delle braccia – della grande statua dell'imperatore, rinvenute nel 1486,
sotto il pontificato di Innocenzo VIII, nell'abside occidentale della
Basilica di Massenzio al Foro Romano, portata a termine da Costantino.
La statua, che rappresentava l'imperatore seduto in trono, secondo un
modello riferibile alle statue di Giove, era costruita con la tecnica
dell'acrolito: solo le parti nude del corpo erano lavorate in marmo, mentr
le altre parti erano costituite da una struttura portante, poi mascherata
da panneggi in bronzo dorato o addirittura di stucco. La testa, imponent
nelle sue misure, mostra i tratti del volto spiccatamente segnati:
la datazione dell'opera oscilla tra il 313, anno della dedica della Basilica

Il Cortile del Palazzo
dei Conservatori nella
sistemazione precedente

rtile del Palazzo dei
nservatori con i frammenti
la statua colossale
Costantino

da parte di Costantino, e il 324, quando nei ritratti dell'imperatore
comincia ad apparire il diadema, la cui presenza è suggerita da alcune
tracce nel marmo.
Sul lato sinistro sono sistemati i rilievi con Province e trofei d'armi
provenienti dal Tempio di Adriano a piazza di Pietra. Alcuni dei rilievi,
contrassegnati dagli stemmi dei Conservatori, furono rinvenuti alla fine
del XVI secolo, mentre gli altri vennero ritrovati, sempre nella stessa
zona, a partire dal 1883. La serie dei rilievi, che mostra le
personificazioni delle diverse province assoggettate all'impero romano,
riconoscibili dagli specifici attributi, era posta a decorazione del tempio
dedicato nel 145 d.C. da Antonino Pio al suo predecessore e padre
adottivo Adriano, divinizzato dopo la morte: la cura nei rapporti
con le diverse province, che lo portarono a lunghi viaggi attraverso
la sconfinata estensione dell'impero romano, fu una delle caratteristiche
del regno di Adriano.
Tutto il fianco destro del tempio, con undici colonne scanalate sormonta
da imponenti capitelli corinzi, si conserva in piazza di Pietra inglobato ne
palazzo della Borsa.
Sul fondo del cortile, all'interno del portico costruito da Alessandro
Specchi, appare il gruppo formato dalla statua seduta di Roma
e dai due Prigionieri in bigio morato, che Clemente XI acquistò nel 172(
dalla Collezione Cesi. Il gruppo, già composto in questa forma,
venne riprodotto in antiche incisioni quando ancora si trovava nel giardir
di casa Cesi, in Borgo.
La figura centrale, che rappresenta una divinità seduta derivata
da un modello della cerchia fidiaca, fu trasformata in Roma con l'aggiunt
degli attributi tipici di questa personificazione; la statua poggia
su una base decorata nella parte anteriore da un rilievo rappresentante
una provincia assoggettata, proveniente probabilmente dalla decorazione
di un arco del I secolo d.C.
Le due figure colossali di barbari, le teste dei quali sono state aggiunte
in epoca moderna, rese particolarmente preziose dall'uso del raro marm
bigio, possono essere avvicinate alla serie dei prigionieri Daci creata per
la decorazione del Foro di Traiano.

Sul primo ripiano dello scalone, che, prima della costruzione della
Pinacoteca, si presentava come un cortiletto scoperto, sono murati dal 1572-
1573 quattro grandi rilievi storici provenienti da importanti monumenti
pubblici. I primi tre, giunti in Campidoglio già nel 1515 dalla chiesa dei Santi
Luca e Martina, fanno parte di una serie di undici pannelli, otto dei quali
reimpiegati per la decorazione dell'Arco di Costantino. La loro collocazione
originaria può essere attribuita a monumenti ufficiali dedicati a Marco
Aurelio tra il 176 e il 180 d.C. Il quarto rilievo, proveniente da un
monumento dedicato ad Adriano e rinvenuto presso piazza Sciarra, fu
acquistato dai Conservatori nel 1573 per completare il ciclo decorativo.
Salendo la scala, sulla destra, si trova il pannello raffigurante Marco Aurelio
che sacrifica davanti al Tempio di Giove Capitolino. L'imperatore è
raffigurato con il capo velato, mentre versa incenso su un tripode: accanto a
lui il camillo, giovinetto assistente ai sacrifici, un *flamen*, riconoscibile dal
caratteristico copricapo, e il vittimario, pronto a sacrificare il toro che
compare alle spalle del gruppo. La scena si svolge davanti al Tempio di Giove
Capitolino, qui in una delle raffigurazioni più dettagliate (anche se per
problemi di spazio il tempio è raffigurato con quattro colonne anziché sei),
con la triade capitolina raffigurata nel frontone e la quadriga a coronamento
del tetto.
Il secondo rilievo rappresenta una scena di trionfo: l'imperatore, togato e
alla guida di un carro trainato da quattro cavalli, si accinge a passare, sotto
un arco di trionfo. Lo precedono un littore e un tibicine, mentre alle sue
spalle una piccola figura di Vittoria alata incorona il generale vincitore.
Sulla stessa parete è posto il rilievo raffigurante la clemenza imperiale: Marco
Aurelio a cavallo, vestito in abiti militari con corazza e *paludamentum*, si
accinge, con il braccio destro sollevato, a esercitare la sua clemenza nei
confronti di due barbari inginocchiati in segno di sottomissione.
L'atteggiamento dell'imperatore mostra notevoli assonanze con quello della
grande statua bronzea della piazza, sebbene in questo caso Marco Aurelio sia
rappresentato in abiti civili.
Il quarto pannello, proveniente da un monumento eretto in onore di Adriano,
mostra l'imperatore al suo ingresso in città (*adventus*) accolto dal Genio del
Senato e dal Genio del Popolo Romano e dalla dea Roma, caratterizzata da

Rilievo da un monumento
in onore di Marco Aurelio:
l'imperatore sacrifica davanti
al Tempio di Giove Capitolino

Rilievo da un monumento
in onore di Marco Aurelio:
trionfo dell'imperatore

Rilievo da un monumento
in onore di Marco Aurelio:
clemenza imperiale

una corta tunica che le lascia scoperta la spalla destra e dal capo sormontato
un elmo piumato.

Altri due grandi rilievi storici, provenienti dalla demolizione del cosiddetto
"Arco di Portogallo", e trasportati in Campidoglio nel 1664, ornano gli altri
ripiani dello scalone monumentale. L'Arco di Portogallo, che si trovava lungo
la via Lata (attuale via del Corso), prese il nome dalla vicinanza dell'ambascia
di quel Paese: si trattava di un monumento tardo-antico, completamente
decorato facendo uso di materiali di spoglio. Fu distrutto nel 1662 sotto il
pontificato di Alessandro VII per i lavori di ampliamento della strada: i due
pannelli capitolini, derivati da un monumento in onore di Adriano,
rappresentano probabilmente gli unici elementi superstiti della decorazione
dell'arco.

Il primo pannello rappresenta l'imperatore Adriano mentre presiede a una
cerimonia legata all'elargizione di aiuti alimentari ai bambini romani.
L'imperatore è raffigurato su un alto podio, ai cui piedi si trovano le figure d
Geni del Senato e del Popolo Romano; in primo piano la figura di un bambir
togato. I volti dei personaggi raffigurati hanno subìto, probabilmente in
occasione del riutilizzo del rilievo, importanti rilavorazioni per adattarli al
monumento nel quale furono reimpiegati.

Sul ripiano dello scalone che dà accesso alla Pinacoteca è stato sistemato
l'ultimo dei rilievi storici provenienti dall'Arco di Portogallo. Esso rappreser
l'apoteosi di Sabina, moglie non amata dall'imperatore Adriano, ma
ciononostante divinizzata dopo la morte. L'imperatore, seduto su uno
scranno, assiste, alla presenza del Genio del Campo Marzio, all'apoteosi di
Sabina che si solleva dalla pira funeraria sulle spalle di una figura femminile
alata, riconoscibile come *Aeternitas*.

Sullo stesso ripiano sono collocati due splendidi pannelli in *opus sectile*
rappresentanti tigri che aggrediscono vitelli. Si tratta di due dei pochissimi
elementi superstiti (altri due pannelli più piccoli sono conservati al Palazzo
Massimo alle Terme) della splendida decorazione marmorea della cosiddetta
"Basilica di Giunio Basso" all'Esquilino. La grande aula, costruita da Giunic
Basso, console nel 317 d.C., presentava le pareti interamente ricoperte da
tarsie marmoree dalla splendida policromia: dopo la distruzione dell'edificic
preziosi partiti decorativi sono ricostruibili solo attraverso disegni antichi.

lievo dall'Arco di Portogallo: Iriano presiede all'elargizione gli aiuti alimentari ai bambini mani

Rilievo dall'Arco di Portogallo: Adriano assiste all'apoteosi di Sabina

Pannello in *opus sectile* di marmi colorati dalla Basilica di Giunio Basso rappresentante una tigre che assale un vitello

Le sale di rappresentanza del Palazzo dei Conservatori, il cosiddetto
"Appartamento", presentano un carattere particolare legato alla funzione
degli ambienti che accoglievano la magistratura dei Conservatori, che fin
dalla metà del XIV secolo rivestiva un ruolo centrale nella struttura
municipale. Questa magistratura – espressione di un ceto municipale
formato dalla nobiltà cittadina che aveva possedimenti terrieri nelle zone
limitrofe alla città e dai "bovattieri" arricchitisi con il commercio delle
derrate alimentari – aveva rivendicato con orgoglio una sua autonomia,
per lo meno amministrativa, nei confronti del potere centrale legato alla
Curia pontificia. Gli Statuti della città di Roma editi nel 1363 avevano
riconosciuto il potere dei Conservatori non solo nell'ambito finanziario
ed economico (essi infatti, presiedendo la *Camera Urbis*, amministravano
e controllavano le dogane e le imposte cittadine), ma anche un potere di
controllo sull'operato del Senatore che aveva sede nel Palazzo omonimo.
Tali statuti avevano inoltre conferito loro la facoltà di nomina di altre
magistrature e uffici della struttura municipale, quali i caporioni e i
magistri viarum, cui erano affidati compiti importanti come,
rispettivamente, il mantenimento della quiete cittadina e il rispetto delle
disposizioni riguardanti le attività urbanistiche. Il ruolo centrale svolto da
Conservatori è per altro testimoniato dalle riunioni del Consiglio
Pubblico e del Consiglio Segreto – assemblee cui partecipavano i
rappresentanti del ceto municipale e delle magistrature capitoline – che s
tenevano nelle sale del loro palazzo.
Tuttavia la storia e l'importanza del ruolo della municipalità romana si
comprendono pienamente solo alla luce del rapporto con la Curia
pontificia, di cui faceva parte il Governatore della città di Roma. Questa
ultima carica, creata sotto il pontefice Eugenio IV come emanazione
diretta del potere papale, finì per esautorare le magistrature capitoline
che, nei decenni successivi, persero il loro potere effettivo e, pur
continuando a sussistere, finirono per rivestire per lunghi secoli un ruolo
puramente formale.
Tuttavia, a partire proprio dagli ultimi decenni del XV secolo, con la
donazione dei bronzi sistini nel 1471 e con la commissione del primo
importante ciclo di affreschi nelle sale di rappresentanza, risalente al

la degli Orazi e Curiazi.
*valier d'Arpino,
tto delle Sabine (1636-1640)

Sala degli Orazi e Curiazi.
Cavalier d'Arpino,
*Numa Pompilio istituisce il culto
delle Vestali* (1636-1640)

primo decennio del XVI secolo, il palazzo in cui i Conservatori avevano
sede conobbe un rinnovamento decorativo e artistico culminato nella
ristrutturazione michelangiolesca.

Le sale dell'Appartamento dei Conservatori, non solo per gli importanti
cicli di affreschi, ma anche per la ricchezza di ogni particolare elemento
decorativo – dai soffitti intagliati alle porte scolpite o decorate, dagli
stucchi della Cappella agli arazzi settecenteschi della Sala degli Arazzi e
agli inestimabili bronzi antichi che vi sono custoditi – testimoniano il
richiamo all'antica grandezza di Roma, il cui ricordo è esaltato dalla
rappresentazione degli esempi di civile virtù. Nel commissionare il più
antico ciclo di affreschi, che venne eseguito nelle sale dell'Appartamento
nel primo decennio del XVI secolo e di cui restano uniche testimonianze
gli affreschi della Sala di Annibale e della Sala della Lupa, si scelsero come
soggetto le storie della nascita della città e gli *exempla* di coraggio e virtù
nella storia di Roma repubblicana. La scelta dei soggetti rimase immutata
anche quando le sale conobbero nuovi cicli decorativi che, a distanza di
lunghi anni, vennero eseguiti in un contesto storico e culturale
sicuramente diverso. Ciò contribuisce a conferire un carattere unitario
alla decorazione delle sale dell'Appartamento e testimonia il perdurare nel
tempo del significato simbolico degli episodi narrati.

la degli Orazi e Curiazi.
Cavalier d'Arpino,
combattimento degli Orazi
Curiazi (1612-1613)

Sala degli Orazi e Curiazi.
Cavalier d'Arpino,
Il ritrovamento della lupa
(1595-1596)

Nella grande sala, che assunse le dimensioni attuali in seguito alla
ristrutturazione michelangiolesca del palazzo, si riuniva il Consiglio
Pubblico; essa è tuttora sede di importanti cerimonie: si ricorda qui la firm
del Trattato di Roma del 1956, atto primo e fondante dell'Unione Europe:
Nel 1595 venne commissionato al pittore Giuseppe Cesari, detto il Cavali
d'Arpino, l'esecuzione del nuovo ciclo di affreschi in sostituzione del
precedente, in gran parte ormai perso. Il Cesari, che vi lavorò con l'aiuto
della sua bottega, concepì il ciclo come arazzi stesi lungo le pareti: nei lati
corti una pesante tenda rossa, trattenuta da Telamoni, ricade sulle scene;
nei lati lunghi i diversi episodi sono divisi da fasce verticali decorate con
splendidi festoni di frutta e fiori, trofei di armi e vasi lustrali; alla base corr
un fregio di finto marmo con medaglioni monocromi che raffigurano
episodi di storia romana in relazione con il tema dell'affresco sovrastante.
Cavalier d'Arpino, rifacendosi alle storie della nascita di Roma e dei primi
re narrate dallo storico romano Tito Livio nei suoi *Ab urbe condita libri*,
eseguì in diversi momenti gli episodi del *Ritrovamento della Lupa* (1595-
1596), della *Battaglia contro i Veienti e i Fidenati* (1598-1601), del
Combattimento degli Orazi e Curiazi (1612-1613). Al termine
dell'esecuzione di questi primi affreschi i lavori conobbero una lunga
interruzione e vennero ripresi solo nel 1636 per concludersi nel 1640, co
l'esecuzione degli ultimi tre episodi: il *Ratto delle Sabine*, *Numa Pompilio*
istituisce il culto delle Vestali e *Romolo traccia il solco della città quadrata*.
Nella sala, fin dal secondo decennio del XVI secolo, furono collocate statu
di pontefici, evidente segno del riconoscimento dell'autorità papale. Alcu
di queste sono state allontanate per le alterne vicende storiche; tuttora vi s
trovano due monumentali sculture, una in marmo raffigurante Urbano VI
(1623-1644), opera del Bernini e dei suoi allievi ed eseguita tra il 1635 e
1640, l'altra realizzata in bronzo da Alessandro Algardi in onore di
Innocenzo X (1644-1655) tra il 1645 e il 1650.
Sono temporaneamente esposte in questa sala, in attesa del completamen
dei lavori di ristrutturazione museale, due tra le opere più prestigiose dell
raccolte capitoline: gli elementi della statua colossale bronzea di Costanti
e l'Ercole in bronzo dorato.

ian Lorenzo Bernini
598-1680) e aiuti.
apa Urbano VIII (1635-1640)

VRBANO·VIII·PONTIFICI·OPTIMO·MAXIMO
EXIMIE·ET·MVLTIPLICITER
BENEMERENTI
S·P·Q·R·

Statua colossale bronzea di Costantino
I preziosi resti della scultura raffigurante
il primo imperatore cristiano – la testa,
la mano e il globo – facevano parte,
dal medioevo, del patrimonio
del Patriarchio lateranense e giunsero
in Campidoglio con la donazione
di Sisto IV al Popolo Romano nel 1471.
La grande testa, capolavoro dell'antica
bronzistica, impressionante sia per
le misure colossali sia per l'intensità
dei lineamenti, è stata associata ai ritratti
di Costantino dell'ultimo periodo della sua
vita. Alla statua è sicuramente attribuibile
la mano destinata a sorreggere il globo,
simbolo del potere sul mondo.

atua di Ercole in bronzo dorato
roviene dall'area del Foro Boario, dove
 rinvenuta sotto il pontificato di Sisto IV.
a statua, che doveva rappresentare
 simulacro di culto all'interno di un
mpio rotondo dedicato all'eroe greco nel
 secolo a.C., mostra, nelle proporzioni
nel forte modellato del corpo,
 derivazione da modelli greci del IV
colo a.C., vicini allo stile di Lisippo.
na recente ipotesi suggerisce che possa
sere derivata direttamente dal calco
 una scultura bronzea di quel periodo.

La decorazione ad affresco della sala è stata eseguita dal pittore Tommaso Laureti tra il 1587 e il 1594. Essa ripropone la rappresentazione ed esaltazione degli *exempla* di virtù e coraggio raffigurati negli episodi di *Muzio Scevola e Porsenna*, *Orazio Coclite sul ponte Sublicio*, *La giustizia di Bruto* e *La vittoria del lago Regillo*, ripresi dalla narrazione dello storico romano Tito Livio. Il pittore siciliano, chiamato a Roma da Gregorio XIII per affrescare la volta della Sala di Costantino, narra gli episodi storici con accenti monumentali e un vivace cromatismo. Il suo linguaggio è ricco di riferimenti alla pittura di Michelangelo, evidente nei particolari dell'affresco *Muzio Scevola e Porsenna*, così come indubbio è il richiamo a Raffaello nella scena de *La giustizia di Bruto*, che acquista un particolare valore simbolico essendo raffigurata sulla parete ove i Conservatori sedevano in tribunale.

Questa sala, seconda per dimensioni e ricchezza decorativa solo alla Sala degli Orazi e Curiazi, fu scelta fin dall'ultimo decennio del XVI secolo per celebrare, accanto alle virtù degli antichi antenati, la sapienza di uomini illustri e il valore di condottieri dello Stato Pontificio. Vennero così apposte alle pareti lapidi – tra le più significative quella in memoria di Virginio Cesarini (1624) il cui ritratto, attribuito con diverse opinioni a Bernini o Duquesnoy, è considerato unanimemente opera significativa della scultura romana dei primi decenni del XVII secolo – e innalzate statue in onore dei Capitani. Per la realizzazione di queste sculture costanti sono stati il riuso e la rielaborazione di materiali antichi, come si riscontra nella statua in onore di Alessandro Farnese (del 1593, con il ritratto opera dello scultore Ippolito Buzi) e in quella colossale celebrativa di Marcantonio Colonna che, al comando delle galere pontificie, aveva contribuito alla vittoria della flotta cristiana nella battaglia di Lepanto del 1571. Nel 1630, per onorare Carlo Barberini, fratello di Urbano VIII, si affidò il restauro di un tronco di statua loricata romana allo scultore Alessandro Algardi che lo completò realizzando le gambe e le braccia, oltre al pregevole scudo; il ritratto del generale fu scolpito con grande efficacia dal Bernini.

Si ricordano infine le due sculture raffiguranti Gianfrancesco Aldobrandini e Tommaso Rospigliosi, opera di Ercole Ferrata.

Tommaso Laureti,
La vittoria del lago Regillo
(1587-1594)

Quando ancora si stava lavorando alla facciata esterna del palazzo, venne
commissionato nel 1569 ai pittori Michele Alberti e Iacopo Rocchetti
(o Rocca), allievi di Daniele da Volterra, l'esecuzione del fregio ad
affresco che corre lungo le pareti e da cui la sala prende l'attuale nome.
Esso rappresenta il trionfo del console Lucio Emilio Paolo su Perseo,
re di Macedonia, tenutosi nel 167 a.C. e descritto con dovizia dallo storico
antico Plutarco. Con vivacità e ricchezza di particolari gli autori narrano
lo svolgersi del corteo del vincitore nell'arco di tre giorni, rifacendosi al
modello dei rilievi storici classici. Sulla parete esterna che volge verso la
città è rappresentata l'ascesa del console al Campidoglio, così come era
consuetudine nell'antichità. Si sostituisce tuttavia al Tempio di Giove
Capitolino la rinnovata facciata del Palazzo dei Conservatori quale meta
del corteo trionfale, in un gioco di rimandi tra il presente e il passato.
Poco prima (1568) il falegname Flaminio Bolonger aveva eseguito il
soffitto ligneo della sala. I recenti interventi di restauro, recuperando la
ricchezza cromatica dei cassettonati lignei, hanno restituito rilievo ai
pregevoli intagli delle cornici e dei travi e ai trofei d'armi finemente
modellati posti nei lacunari.
Appositamente per questa sala sono state dipinte due opere: la
Deposizione di Paolo Piazza del 1614 e la *Santa Francesca Romana* di
Giovanni Francesco Romanelli, fatta eseguire dai Conservatori nel 1638
in onore della santa patrona della città. Di mano di Pietro da Cortona è
l'altro grande dipinto, *La battaglia di Alessandro contro Dario*, portato a
termine, secondo la più recente datazione, nel quinto decennio del XVII
secolo ed eseguito per celebrare Alessandro Sacchetti, comandante delle
truppe pontificie. Il pittore toscano denota qui un'assoluta padronanza
del mezzo pittorico espressa con grande scioltezza e facilità di esecuzione.

inario
piccola scultura bronzea, che
ppresenta un giovinetto nell'atto di
varsi una spina dal piede, è giunta in
ampidoglio nel 1471, con la donazione
i bronzi lateranensi al Popolo Romano
ta da Sisto IV. La posa singolare e
rticolarmente aggraziata della figura,
rpresa in un gesto inconsueto, ne ha
to una delle opere più apprezzate e
piate del Rinascimento, e insieme ha
scitato numerosi spunti interpretativi
ll'identificazione del personaggio. Si

tratta di un'opera eclettica, concepita
probabilmente nell'ambito del I secolo a.C.
fondendo modelli ellenistici del III-II
secolo a.C., per il corpo, con una testa
derivata da opere greche del V secolo a.C.

Camillo
Giunta anch'essa in Campidoglio
con la donazione di Sisto IV,
questa bella statua di bronzo,
caratterizzata dagli occhi intarsiati
in argento, fu lungamente interpretata
come Zingara, per la pettinatura morbida
ed elegante, i tratti femminei del volto,
la veste morbidamente panneggiata
sul corpo. La forma dell'abito
e il confronto con altre opere permettono
invece di riconoscervi un'opera
classicistica del I secolo d.C. raffigurante

un giovinetto addetto al culto (*camillus*);
una piccola coppa per le libagioni rituali
deve essere immaginata nella mano destra.

...uto Capitolino

...nagnifico ritratto bronzeo, dalla
...aordinaria forza espressiva, fu donato al
...seo dal cardinale Pio da Carpi nel
...64: l'identificazione con Giunio Bruto,
...mo console romano, rappresenta una
...ta interpretazione della cultura
...iquaria, priva però di reali fondamenti.
...problematica lettura dell'opera che, pur
...strando alcuni tratti riportabili a
...delli ritrattistici greci riferiti a poeti e
...sofi, risulta reinterpretata con grande
...za dalla cultura artistica romana di età
repubblicana, porta a un'oscillazione della
datazione tra il IV e il III secolo a.C.
L'estrema rarità di ritratti in bronzo di
questo periodo, insieme alla possibilità di
una collocazione cronologica così antica,
rendono quest'opera una delle più
preziose delle collezioni capitoline.

Fino al XVII secolo la sala era una loggia che si apriva con tre archi sulla
città, ornata dagli affreschi appartenenti alla prima decorazione pittorica
dell'Appartamento dei Conservatori; nel XVI secolo era stata segnalata in
questo ambiente, tra le altre sculture, la presenza della Lupa. Dell'antica
loggia rimane oggi memoria negli archi tracciati sulla parete esterna nel
1957, in seguito alle indagini allora condotte.
Gli affreschi, generalmente datati agli anni 1508-1513, sono stati
irrimediabilmente danneggiati dall'inserimento dei Fasti Consolari,
prima, e delle lapidi in onore di Alessandro Farnese e Marcantonio
Colonna, poi, le cui imprese militari si volle celebrare accanto ai Fasti
Capitolini. Lo stato frammentario in cui la decorazione pittorica ci è
pervenuta ne rende difficile la lettura: la scena di trionfo è stata
identificata con il *Trionfo di Lucio Emilio Paolo*, quella di battaglia con la
Campagna contro i Tolostobogi.
Nel 1865, in seguito ai lavori di restauro che interessarono tutto
l'ambiente, fu eseguito l'attuale soffitto ligneo a cassettoni, la cui vivacità
decorativa è stata rimessa in luce dal recente restauro. Nei fondi dei
lacunari forme antropomorfe di veloce e gradevole esecuzione si
intrecciano con decorazioni floreali, nella evidente rievocazione delle
grottesche cinquecentesche.

Particolare del soffitto
a cassettoni

sti Consolari e Trionfali

...venute nel Foro Romano nel XV
...colo, le preziose iscrizioni decoravano in
...gine l'Arco Partico di Augusto, dedicato
... 19 a.C. Le lapidi, che rappresentano
... insostituibile documento per la
...noscenza della storia romana,
...ntengono le liste dei consoli dal 483 al
...a.C. e quelle dei trionfatori dal 753 al
...a.C. Un prezioso frammento di questa
...rie ricorda il nome di Romolo, fondatore
...la città. Subito dopo il ritrovamento, su
...ogetto di Michelangelo, i Fasti Capitolini

furono collocati a decorazione della parete
di fondo del cortile del Palazzo; nel 1586,
con una sistemazione che richiama quella
del cortile, furono posizionati nella
collocazione attuale.

Lupa Capitolina
Sistemata al centro della sala – dove Aldrovandi la ricorda nel XVI secolo "in una loggia coperta che guarda la città piana" (le tracce delle colonne della loggia sono visibili sulla parete tra le due finestre) – la lupa, con la sua straordinaria forza evocativa, rappresenta il simbolo della città. Giunta in Campidoglio con la donazione di Sisto IV, fu inizialmente sistemata sulla facciata quattrocentesca del palazzo per poi essere trasferita all'interno in occasione della ristrutturazione michelangiolesca: a quell'epoca furono aggiunti i due gemelli, che trasformarono l'antico simbolo di giustizia del Laterano in "*Mater Romanorum*". La creazione dell'opera, che in origine non aveva probabilmente niente a che fare con la leggenda delle origini di Roma, può essere fatta risalire a botteghe etrusche o magno-greche del V secolo a.C.

La sala presenta una gradevole unità decorativa, recuperata in seguito ai recenti interventi che hanno liberato il soffitto cinquecentesco dalle pesanti sovrastrutture e ridipinture. È stato così possibile restituire al cassettonato la coloritura "color dell'aria" rinvenuta nei fondi su cui sono posizionati ornati dorati di pregevole fattura, rosoni di diversa forma, vasi lustrali, scudi. Le coloriture rinvenute ben si armonizzano con i vivaci colori del fregio ove eleganti elementi decorativi, alternandosi a trofei di fiori, frutta e armi, inquadrano scene di antichi giochi sullo sfondo di paesaggi ora reali, ora fantastici. Tra questi, la veduta della piazza del Campidoglio prima degli interventi promossi da Paolo III Farnese (1534-1549), con la fedele riproduzione della chiesa dell'Aracoeli. In mancanza di documenti, l'affresco viene datato per la presenza in uno scudo del giglio di giustizia, impresa di Paolo III. Esso è stato variamente attribuito; si ricorda qui la più recente proposta nell'ambito della cerchia di artisti fiamminghi attivi a Roma nel terzo e quarto decennio del XVI secolo. Nel Settecento la sala fu arricchita da ornati in stucco dorato che accolgono alcune opere concesse in dono al Campidoglio o inquadrano altre già da tempo in questo ambiente, come il dipinto *La sacra famiglia*, copia da Francesco Penni.

Fin dalla sua donazione al Campidoglio (1731) è conservata in questa sala, posta sull'antica base, la Medusa, scultura ormai riconosciuta unanimemente, pur con diverse datazioni, di mano di Bernini.

Ugualmente nel Settecento si fece dono al Campidoglio di un ritratto di Michelangelo, opera in bronzo su busto in marmo bigio.

Gian Lorenzo Bernini
(1598-1680), *Medusa*

Busto
di Michelangelo Buonarroti

che in bronzo e vaso con busto di Iside
a sala prende il nome dalle piccole opere
 bronzo, acquistate dal pontefice
enedetto XIII dai Certosini di Santa
aria degli Angeli e donate ai
onservatori nel 1727. Il gruppo di opere,
serito in una preziosa cornice
chitettonica in stucco che ricorda il nome
l donatore, fu evidentemente messo in
azione con la leggenda che volle il
mpidoglio salvato dall'invasione gallica
l 390 a.C. proprio da un gruppo di oche
e diedero l'allarme. Particolarmente

interessante è il pezzo centrale, un vaso
bronzeo configurato come busto di Iside,
dove sono rappresentati con notevole
dettaglio i gioielli che ornano la figura
della divinità di origine egiziana.

Cratere di Mitridate Eupatore

Lo splendido vaso bronzeo posto al centro
della sala evoca le sontuose processioni
trionfali che si svolgevano a conclusione delle
guerre di conquista in Oriente, dove sfilavano
le opere d'arte più preziose strappate al
nemico. Un'iscrizione incisa sul bordo riporta
infatti il nome di Mitridate VI, re del Ponto
(120-63 a.C.), e dovette giungere in Italia
come bottino di guerra di Silla o di Pompeo.
Il vaso è stato trovato ad Anzio, nella Villa
di Nerone, ed è stato donato al museo
da Benedetto XIV nel XVIII secolo.

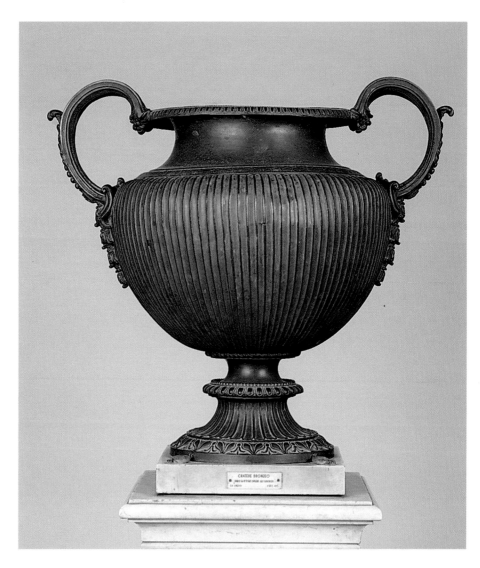

Veduta del Colosseo
(1544 ca.)

Coeva a quella della stanza precedente è la decorazione di questo piccolo e raffinato ambiente in cui il fregio dipinto con pregevoli grottesche corre sotto il ricco soffitto ligneo nel quale scene dipinte si alternano a fondi decorati con rosoni intagliati e dorati. Interessante documento è, tra le vedute del fregio, l'immagine della piazza capitolina, ove era stata da poco trasferita la statua equestre di Marco Aurelio ed erano stati avviati i lavori di trasformazione dei palazzi.

ala Verde

ensa

l centro della sala, dove sono collocate
ue vetrine contenenti una ricca collezione
marmi antichi, è posta la preziosa mensa
corata sul bordo con scene della vita di
chille. L'opera, che in origine doveva
ere una funzione cultuale, raffigura, in
n ciclo narrativo continuo, alcuni degli
isodi più significativi della vita dell'eroe
eco, molto amato dall'arte del IV secolo
C. L'elemento originale fu riutilizzato
lla decorazione cosmatesca della chiesa
ll'Aracoeli: a questa manifattura deve
sere riferito il pregiato lavoro a intarsio
marmi colorati che esalta l'ingenua ma
ficacissima decorazione figurata.

Sala Gialla

Ephedrismós

Due fanciulle, una sulle spalle dell'altra,
giocano all'*ephedrismós*, un gioco di
gruppo popolare nella Grecia classica. La
singolare posizione delle figure offre lo
spunto per un'opera di grande complessità
compositiva nello studio raffinato dei
panneggi e del movimento. La scultura,
concepita in età ellenistica (ne esistono
altre elaborazioni in terracotta e in marmo)
fu rinvenuta all'Esquilino, nell'area degli
Horti Lamiani.

Sala Rosa

Busti di imperatori romani

La serie di busti, che raffigurano imperatori
(Tiberio, Galba, Nerva, Adriano, Marco
Aurelio, Clodio Albino o Didio Giuliano)
o personaggi di età imperiale, deriva dalle
collezioni storiche dei Musei Capitolini.
L'opera più significativa è rappresentata
dal ritratto di Adriano in alabastro
verdognolo: nonostante lo stato di
conservazione non perfetto e l'intervento
di restauro settecentesco che dà allo
sguardo un'impressione inquietante, l'uso
del raro materiale egiziano e la raffinatezza
nel modellato permettono di riconoscervi
un prodotto di altissimo livello delle
officine di corte.

La sala deve il suo attuale aspetto agli interventi settecenteschi, nel corso
dei quali, nel 1770, l'ambiente fu completamente rinnovato per accogliere
il baldacchino del trono papale.
Le pareti vennero allora ricoperte con i preziosi arazzi commissionati alla
fabbrica romana del San Michele, la sala ebbe porte finemente decorate
dorate per le quali furono realizzate mostre in marmo colorato, il diaspro
di Sicilia. Per i soggetti degli arazzi, eseguiti su modelli del pittore
Domenico Corvi, si scelse di riprodurre opere conservate in
Campidoglio, come il dipinto *Romolo e Remo allattati dalla lupa* di Pieter
Paul Rubens, che era pervenuto nella collezione della Pinacoteca
Capitolina, o la scultura della dea Roma, la cosiddetta "Roma Cesi",
conservata nell'atrio del Palazzo dei Conservatori. Per gli altri due
soggetti si riproposero ancora una volta immagini che esaltassero le virtù
civiche degli antichi antenati: *La Vestale Tuccia* e *Il maestro di Falerii*.
Nella sala, fin dal 1544, seguendo la datazione riportata su un cartiglio,
era stato dipinto il fregio ad affresco in cui le storie di Scipione l'Africano
si alternano a immagini di sculture antiche, attribuito tradizionalmente a
Daniele da Volterra, più verosimilmente a un pittore della sua cerchia.
Negli stessi anni era stato realizzato il ricco soffitto a cassettoni esagonali
con fondo azzurro su cui sono posizionati intagli dorati con elmi, scudi e
armi di parata. Il restauro del manufatto ha restituito la preziosa doratura
che è evidenziata dalla superficie dipinta in cui è stato recuperato
l'azzurro dei fondi. Alla ricchezza dell'ambiente contribuiscono le
consolles e il tavolo in legno intagliato e dorato, anch'essi risalenti al
XVIII secolo.

Gruppo di Commodo come Ercole fiancheggiato da due Tritoni

Il busto rappresenta uno dei capolavori più celebrati della ritrattistica romana e raffigura l'imperatore sotto le spoglie di Ercole, avendone assimilato gli attributi: la pelle di leone sul capo, la clava nella mano destra, i pomi delle Esperidi nella sinistra, a ricordo di alcune delle fatiche dell'eroe greco. Il busto, straordinariamente ben conservato, poggia su una complessa composizione allegorica: due Amazzoni inginocchiate (solo una è conservata), ai lati di un globo decorato con i simboli zodiacali, sorreggono cornucopie che si intrecciano intorno a una pelta, il caratteristico scudo delle donne guerriere. L'intento celebrativo che, con un linguaggio ricco di simboli, impone il culto divino dell'imperatore, è accentuato dalla presenza dei due Tritoni marini che fiancheggiano la figura centrale come segno di apoteosi. Il gruppo fu rinvenuto in una camera sotterranea del complesso degli *Horti Lamiani*, segno, probabilmente, di un tentativo di occultamento.

ttega di Iacopo Ripanda,
nnibale in Italia
508-1509 ca.)

L'ambiente della Sala di Annibale è l'unico in cui sia conservata integralmente l'originaria decorazione ad affresco dell'Appartamento risalente al primo decennio del XVI secolo. I recenti studi hanno messo in discussione la tradizionale attribuzione al pittore bolognese Iacopo Ripanda e, pur riconoscendo la sua presenza in Campidoglio, peraltro attestata dalle fonti, non hanno chiarito se l'artista sia stato il principale responsabile dell'intervento o solo un comprimario. Gli affreschi si riferiscono a episodi delle guerre puniche e sono inquadrati da pilastri adorni di candelabre su fondo oro; sotto le scene corre un fregio a nicchie in cui sono dipinti busti di generali romani, più volte rimaneggiato.

Gli episodi, narrati con gusto antiquario, si riferiscono al *Trionfo di Roma sulla Sicilia*, ad *Annibale in Italia*, alle *Trattative di pace tra Lutazio Catulo e Amilcare* e alla *Battaglia navale*, tradizionalmente identificata nella Battaglia delle Egadi.

Anche il soffitto ligneo è il più antico del palazzo, eseguito tra il 1516 e il 1519. Già gli inventari secenteschi dell'Appartamento ne segnalano i notevoli danni. Gli interventi di restauro hanno restituito ai fondi l'elegante cromia azzurra ravvivata da begli intagli dorati; in particolare, nella crociera posta al centro si segnala la rappresentazione della lupa capitolina con i gemelli.

119

I lavori di ristrutturazione del complesso capitolino hanno consentito, con
l'apertura di nuovi percorsi museali, la ricomposizione dell'antica cappell
del palazzo, manomessa dopo il 1870 con lo smontaggio dell'altare e
l'apertura di una nuova porta.
L'ambiente è stato ora ricomposto riallestendo sulla parete di fondo
l'altare con il ricco paliotto adorno di preziosi intarsi di marmi colorati
che, recando le api dello stemma Barberini, dovette essere eseguito sotto
il pontificato di Urbano VIII (1623-1644). Esso è sormontato dalla
originaria pala, una lavagna dipinta per il Campidoglio da Marcello
Venusti nel 1577-1578, la *Madonna tra i santi Pietro e Paolo sullo sfonde
di Roma*. La Cappella, la cui decorazione ad affresco e stucchi è stata
eseguita tra il 1575 e il 1578 da Michele Alberti e Iacopo Rocchetti, già
attivi in Campidoglio, oltre che alla Madonna è dedicata a Pietro e Paolo,
santi protettori della città; gli affreschi inseriti nella volta raffigurano
episodi della vita dei due santi.
La ricca decorazione è completata da tele degli Evangelisti e santi romani
attribuiti a Giovanni Francesco Romanelli (1645-1648). Infine, l'affresco
staccato della *Madonna con bambino e angeli*, attribuito ad Andrea
d'Assisi e proveniente dall'antica loggia del palazzo, conservato in
precedenza sul ripiano delle scale, è stato posto nel XIX secolo a coprire
la grata che permetteva ai Conservatori e al loro seguito di assistere alle
cerimonie religiose dalla Sala dei Capitani.

atua di Marsia

arra la mitologia greca che il sileno
arsia, venuto in possesso del flauto di
tena, osò sfidare Apollo in una gara
usicale. Con qualche espediente Apollo
uscì a risultare vincitore della gara,
udici le Muse, ma non risparmiò una
rribile vendetta contro il Sileno che aveva
sato sfidare un dio: Marsia fu scorticato
vo e la sua pelle appesa a un pino. La

statua, copia romana di un originale
ellenistico, sfrutta sapientemente una
particolare vena del marmo pavonazzetto
per rendere il corpo scorticato: la
posizione della figura con la muscolatura
in tensione e il volto sofferente, vero
capolavoro di arte espressionistica, ha
offerto ispirazione per molte crocifissioni.

I lavori di ristrutturazione, che hanno coinvolto per diversi anni tutto il
complesso museale capitolino e che hanno portato alla riapertura degli
spazi rinnovati, hanno permesso, tra l'altro, di inserire nel percorso
museale nuovi settori espositivi.

Si tratta in particolare del Palazzo Clementino e del Palazzo Caffarelli, in
realtà un'unica proprietà la cui costruzione fu iniziata nel 1538 da
Ascanio Caffarelli su un terreno ricevuto in dono da Carlo V. Il palazzo
sorse in contiguità con quello dei Conservatori, tanto che prospettava
direttamente sul cortile della magistratura cittadina. L'estensione
dell'edificio si andò progressivamente ampliando fino a occupare una
vasta area del Campidoglio; nel 1584 l'ingresso della proprietà verso la
piazza, alla quale si accedeva dalla nuova via delle Tre Pile, fu delimitato d
un arco sul quale pose il suo nome Ascanio Gian Pietro Caffarelli. Nel
frattempo furono edificate nuove ali del palazzo, il cui completamento
venne realizzato dopo il 1680. A questo punto l'edificio, dalla pianta
singolare, aveva assunto la sua massima estensione racchiudendo al suo
interno il giardinetto del palazzo dei Conservatori (poi chiamato Giardino
Romano) e includendo il grande spazio verde del Giardino Caffarelli.
All'inizio del XIX secolo una parte dell'edificio fu affittata come
abitazione all'ambasciatore di Prussia; una complessa vicenda,
che vide diversi tentativi delle autorità capitoline di recuperare gli spazi,
si concluse con l'estensione a tutto l'edificio della proprietà prussiana,
che nel frattempo aveva conquistato in Campidoglio un'area di 20.000
metri quadrati.

La presenza prussiana sul colle ebbe una brusca interruzione alla fine
della I Guerra mondiale; nel 1918 tutta la proprietà venne espropriata
dallo Stato italiano. Contemporaneamente, sia per allontanare il ricordo
della "scomoda" presenza prussiana, sia per avviare le ricerche
archeologiche dei resti del Tempio di Giove Capitolino, si iniziò la
demolizione del palazzo. Furono così abbattuti i piani alti dell'ala
orientale dell'edificio, dove si trovava la "Sala del Trono" creando una
vasta terrazza, mentre al piano terra fu realizzato a tempo di record un
nuovo settore dei Musei Capitolini, che comprendeva le più recenti
scoperte effettuate in area urbana e che fu battezzato Museo Mussolini.

Il resto è storia recente: durante i lavori di ristrutturazione in questa zona del complesso museale, nel rimuovere le lastre pavimentali del Museo Mussolini (poi Museo Nuovo) sono emerse, in buono stato di conservazione, le strutture di fondazione del Tempio di Giove Capitolino. L'enorme basamento del tempio (m 55 x 60), che può essere fatto risalire alla prima fase di costruzione dell'edificio sacro del VI secolo a.C., è realizzato con una possente struttura a setti paralleli in blocchi di cappellaccio, che attraversa lo strato argilloso della sommità del colle per andare a posarsi sul tufo degli strati più profondi; la grande estensione e la buona conservazione delle strutture di fondazione, assolutamente insospettabili all'inizio dei lavori, sono state totalmente riutilizzate nella costruzione del Palazzo Caffarelli. Nulla si è conservato dell'alzato del tempio, la cui imponente mole marmorea delle fasi repubblicane e imperiali deve aver offerto per secoli un'inesauribile cava di materiali per scultori e architetti.

Ma le scoperte non si fermano qui: nel compiere una serie di esplorazioni archeologiche preliminari alla costruzione di una grande aula vetrata nell'area del Giardino Romano, che costituirà il fulcro del nuovo percorso museale accogliendo la statua equestre di Marco Aurelio, sono state rimesse in luce tracce di un insediamento che risale alle primissime fasi di vita del colle. Solo alla fine del delicato lavoro di indagine archeologica, in corso di realizzazione, sarà possibile procedere alla realizzazione del progetto di copertura chiudendo così il ciclo dei complessi interventi di rinnovamento che stanno conferendo un nuovo volto al complesso museale più antico del mondo.

Progetto di copertura
dell'area del Giardino Romano
di Carlo Aymonino

Jacques Carlu, Veduta
del *Capitolium* dominato
dal Tempio di Giove Capitolino
(1924)

La pianta del Tempio
di Giove Capitolino in rapporto
al complesso dei palazzi

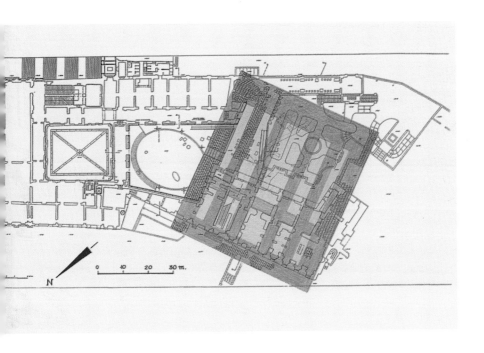

Il Medagliere Capitolino, costituitosi nel 1872, ospita le raccolte
numismatiche, medaglistiche, di glittica e gioielleria del patrimonio
comunale.
Alla febbre edilizia che, all'indomani della proclamazione di Roma capitale
d'Italia, aveva portato allo sconvolgimento di enormi estensioni di territorio
nella città, seguiva il ritrovamento di grandi quantità di materiali archeologici,
monete antiche e pietre. La Commissione Archeologica, istituita per la tutela
delle cose antiche che venivano in gran copia ritrovate, provvedeva al
salvataggio e alla raccolta di queste immettendole nelle collezioni del
Comune di Roma. Così, grazie all'ardente interessamento di alcuni membri
di spicco della Commissione stessa, nasceva, nelle sale dei Musei Capitolini,
la collezione numismatica, la nummoteca. In seguito, gli stessi locali
avrebbero ospitato le collezioni degli *Horti Lamiani*.
Fino all'annessione di Roma al Regno d'Italia, tutto il materiale numismatico
era destinato a essere raccolto nel Medagliere Vaticano o in quella
sezione del Museo Kircheriano che sarebbe poi stata una delle origini,
nel 1912, del Medagliere della Soprintendenza Archeologica di Roma ora
a Palazzo Massimo alle Terme.
Il cavalier Augusto Castellani, primo direttore dei Musei Capitolini, membro
assieme a Rodolfo Lanciani, della neonata Commissione Archeologica,
appassionato collezionista, orafo di fama e raccoglitore di antichità, si
adoperò alla costituzione di un gabinetto numismatico comunale anche
mediante molti lasciti personali. Egli donò, infatti, oltre 4.000 monete
imperiali, per lo più assi e sesterzi di bronzo, provenienti in massima parte
dagli scavi di Porto, del quale aveva ottenuto le concessioni.
A lui dobbiamo anche un bel nucleo di monete tardo-imperiali di bronzo oltre
a molte monete d'argento da riferirsi al XII e XIII secolo.
L'ardente interessamento di Augusto Castellani aveva ottenuto di stimolare la
creazione del Medagliere Capitolino anche per la concomitanza di un evento
fortunato, un legato testamentario alla città di Roma. Il lascito di un
notevolissimo nucleo di monete antiche e moderne (9.251), assieme ad
alcune centinaia di pietre tagliate, proveniva dalla lontana Kiev, da un
architetto italiano, Ludovico Stanzani, vissuto e morto in Russia. Per questo
motivo la Commissione Archeologica si affrettò a costituire un gabinetto

numismatico che, già ricco di oltre di 5.000 monete, fu deliberato alla fine
di ottobre del 1872.

La Collezione Stanzani comprende monete di epoca romana e bizantina
in argento e bronzo, oltre a una gran quantità di monete in oro, argento
e alcune di platino. Si tratta di monete orientali, russe, polacche, svedesi
e tedesche, con una serie di bei bratteati e molte centinaia di pietre tagliate
preziose e semipreziose. Sfortunatamente, all'atto dell'immissione
nella raccolta comunale, delle monete romane e bizantine non è stata indicata
la provenienza.

A seguito di questo legato, delle numerose donazioni del cavalier Castellani e
dei ritrovamenti di quegli anni, che avevano orientato la raccolta capitolina
verso la numismatica romana, la Commissione Archeologica acquistò
nel 1873 la Collezione Campana, da molti anni in deposito presso
il Monte di Pietà. Assieme ad alcuni pezzi conservati a Firenze, la collezione
di aurei del Medagliere Capitolino è tutto ciò che in Italia resta delle
collezioni di Gianpietro Campana. Questo collezionista fu un personaggio
assai eclettico, un illuminato mecenate e collezionista d'arte e antichità,
di rara e moderna sensibilità, ma anche disinvolto amministratore del Sacro
Monte di Pietà dal 1833 al 1857, anno del suo arresto per malversazione
nell'amministrazione del Monte. Lo scorrere del tempo e una migliore
conoscenza delle carte e dell'ambiente politico-ecclesiastico dell'epoca
hanno fatto sorgere seri dubbi sulla colpevolezza del marchese Campana,
che comportò il sequestro e la successiva dispersione all'estero di quasi tutte
le sue ricche collezioni.

La raccolta Campana, che conta 456 monete d'oro, tra aurei e solidi,
di periodo romano e bizantino, pezzi straordinari e in ottimo stato
di conservazione, era nata su un preesistente nucleo di monete
della Collezione Albani ricevute in eredità dal Campana da suo padre.
Nel 1897 la Commissione Archeologica acquistava, ancora per le collezioni
capitoline, la raccolta di Giulio Bignami, oltre 2.366 monete repubblicane
che hanno arricchito la collezione comunale completandola relativamente
alle serie monetali di questo periodo. Nel fondo erano confluiti molti pezzi
rari di importanti collezioni precedentemente esitate sul mercato nazionale
e internazionale, raccolte dal collezionista in quasi venti anni di accurate

ricerche. Successivamente lo stesso Bignami si preoccupò di arricchire
ancora il Medagliere con una serie di ulteriori donazioni.

Nei primi quarant'anni del Novecento il Medagliere Capitolino acquisì nelle
sue collezioni alcuni gruppi di monete provenienti da ritrovamenti fortuiti.
Entrarono nelle collezioni 1.371 denari medioevali di un tesoretto ritrovato
presso la Torre delle Milizie, un gruppo di denari repubblicani provenienti
dall'Area Sacra di largo Argentina e un ripostiglio o gruzzolo di monete
d'argento, provenienti dalla piazza del Campidoglio, forse collegate con una
stipe votiva.

Ultimo in ordine di tempo, ma non certamente di importanza, fu il
ritrovamento fortuito di un vero e proprio tesoro di 17 chili di monete d'oro
gioielli in una vecchia casa in demolizione. Infatti, nel febbraio del 1933,
durante la demolizione di vecchi stabili dovuta alla nuova sistemazione
dell'area dei Fori e alla creazione di via dei Fori Imperiali, in una stradina ora
scomparsa, via Alessandrina, da un nascondiglio ricavato nel vano di un muro
interno di un edificio espropriato cominciò a fuoriuscire una cascata di
monete d'oro, a cui seguì il ritrovamento di un consistente nucleo di gioielli.
Il proprietario, che aveva occultato tale tesoro prima di morire nel 1895,
nascondendolo anche ai suoi eredi legittimi, si chiamava Francesco
Martinetti, un eclettico personaggio che abilmente si era mosso nel mondo
del collezionismo dell'Ottocento, di professione antiquario ma anche
restauratore, gioielliere e falsario. Egli aveva tesaurizzato, con grande
competenza, monete greche, romane, bizantine, medioevali, papali e
moderne, le più rare e quelle nel migliore stato di conservazione disponibili
sul mercato. Per quanto riguarda poi i gioielli ritrovati assieme alle monete,
egli non era interessato alla formazione di una collezione, ma aveva raccolto
materiale tenendo semplicemente conto di soddisfare le esigenze che gli
potevano pervenire dai collezionisti dell'epoca. Tuttavia, nel nucleo di
gioielleria sono stati riconosciuti alcuni pezzi provenienti dalla Collezione
Boncompagni-Ludovisi.

La collezione entrò nelle raccolte del Comune di Roma solo nel 1942, a
seguito di una lunghissima vertenza, sia con gli eredi sia con gli operai
rinvenitori, con una perizia a stampa assai accurata redatta da un collegio
peritale costituito dai maggiori specialisti dell'epoca.

Successivamente nessun altro rilevante nucleo numismatico è entrato nelle
collezioni del Medagliere Capitolino, se non la donazione da parte del
commendator Eugenio Di Castro (assi repubblicani e "madonnine" di
Bologna), le donazioni del barone Jordanov e alcuni acquisti effettuati sul
mercato antiquario.

Nelle collezioni del Medagliere Capitolino, accanto alle raccolte
numismatiche, esiste un piccolo settore dedicato alla medaglistica. Di questo
settore fa parte la collezione di sigilli e medaglie Orsini, dal 1330 al 1825, la
collezione di medaglie papali e una serie di medaglie di Casa Savoia a opera
soprattutto di Lorenzo Lavy. Fa inoltre parte del settore una serie di medaglie
commemorative di vario genere, tra le quali spiccano quelle concesse al
Gonfalone del Comune nel 1899 e nel 1949, oltre alle coniazioni annue nei
tre metalli ordinate al Poligrafico dello Stato dal Comune di Roma in
occasione del Natale di Roma.

È anche inserita nelle raccolte del Medagliere Capitolino una discreta
collezione di glittica e oreficeria, formata da esemplari provenienti da
ritrovamenti effettuati nel territorio della città, da legati, donazioni e acquisti
fatti sul mercato antiquario.

Uno dei nuclei più importanti della collezione di glittica è quello relativo alla
Collezione Martinetti. Di questa facevano infatti parte 81 oggetti di
oreficeria, con gemme antiche e moderne, delle quali un nutrito gruppo,
come si è detto, è stato identificato come appartenente alla collezione
Boncompagni-Ludovisi.

Per quanto riguarda invece la gioielleria, si segnala la collana del Senatore
con medaglione a mosaico minuto, eseguita da Augusto Castellani nel 1869
per l'ultimo Senatore di Roma, il marchese Francesco Cavalletti Rondinini.
Si segnalano anche le due *demi-parures* Castellani, donate nel 1976 da
Umberto Speranza in memoria della moglie Giannina Fabri Speranza,
ultima discendente diretta di Augusto Castellani. Le due *parures*,
l'una in oro, l'altra in oro e perle, sono la dimostrazione perfetta
del repertorio eclettico degli orefici Castellani, sempre più ispirati
dall'arte classica, da quella cristiana e rinascimentale, tanto da cimentarsi
nelle antiche tecniche della granulazione e della filigrana, anche in unione
col mosaico minuto.

Spilla d'oro con montatura lavorata a sbalzo da cui pendono lunghe catenelle terminanti con piccole foglie d'edera; nella montatura un'ametista con grifo che azzanna uno stambecco, opera forse di artisti orientali del I secolo a.C. Dal corredo di *Crepereia Tryphaena* ritrovato nel 1889 durante i lavori per la costruzione del Palazzo di Giustizia nel quartiere Prati; sepoltura della seconda metà del II secolo d.C.

Fibule gote a forma di aquile costituite da una lamina d'oro rivestita d'argento sulla quale sono applicate laminette d'oro e granati con la tecnica del *cloisonné*. Gli occhi sono semisfere di cristallo di rocca nelle quali sono inseriti granati. Ritrovate in una sepoltura lungo la via Flaminia databile tra la fine del V e il VI secolo d.C.

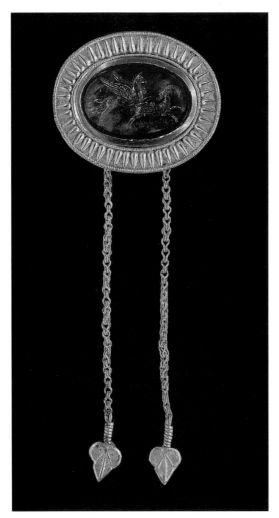

Collezione di calchi in zolfo rappresentanti alcune delle gemme della Collezione Boncompagni-Ludovisi. Acquisto dell'associazione "Amici dei Musei" per il Medagliere Capitolino.

Collana del Senatore eseguita da Augusto Castellani nel 1869 per l'ultimo Senatore di Roma, il marchese Francesco Cavalletti Rondinini; realizzata con 47 smeraldi, 62 rubini, 76 zaffiri, fu ordinata in sostituzione della vecchia collana che, col robone, rappresentava l'autorità senatoria. Il collare poté essere indossato solo pochi mesi dal Senatore Cavalletti poiché il 20 settembre 1870 egli dovette dare le consegne alla prima Giunta cittadina.

Medaglione della collana senatoria con mosaico minuto ad opera di Luigi Podio, "musaicista" di Castellani; sul dritto lo stemma del Senato Romano sormontato da una corona, sul rovescio le iscrizioni *PIO P(a)P(ae) NONO* e *INSTAURATORI*, che alludono alla riforma della magistratura del 1847.

Anello d'oro con acquamarina lavorata a intaglio, con rappresentazione di Nettuno al centro, alla guida di due tritoni sulle onde del mare; sotto, KY·INTIΛ (*Quintillus*). Collezione Martinetti già Boncompagni-Ludovisi, probabilmente XVI secolo.

Medaglione d'oro con cammeo in sardonica con frattura integrata in oro; presenta due busti affrontati, dei quali l'uno indossa il pallio, l'altro mostra un'acconciatura tipica di III secolo d.C. Già interpretati come coppia imperiale, si tratta invece probabilmente dei ritratti di una coppia di sposi a carattere privato. Collezione Martinetti.

Quinario aureo di Augusto; esemplare unico coniato, con grande probabilità, nella zecca di *Colonia Patricia* o in quella di Nîmes tra il 18 e il 16 a.C. Forse in relazione con la restituzione delle insegne militari perse da Crasso nella battaglia di Carre. Collezione Martinetti.

olido di Valentiniano III (Flavio Placido
Valentiniano), 425-455 d.C.
Collezione Campana.

Aureo di Claudio con, nel verso,
la rappresentazione dell'imperatore
all'interno del campo pretoriano, 41-43 d.C.
Collezione Campana.

Sesterzio di Traiano; verso con la
raffigurazione del Circo Massimo a ricordo
dei grandi interventi edilizi effettuati
dall'imperatore, 113 d.C.

La creazione della Pinacoteca Capitolina rappresenta uno degli esempi
più significativi e celebri del mecenatismo del governo pontificio del
Settecento. La Pinacoteca è il risultato della intelligente politica culturale
di papa Benedetto XIV, volta alla difesa del patrimonio artistico romano.
Il cardinale Silvio Valenti Gonzaga, Segretario di Stato e celebre
collezionista, sfruttò abilmente la possibilità di acquisire due fra le più
significative collezioni romane, di proprietà dei marchesi Sacchetti e dei
principi Pio, unendo le ragioni della tutela (ed evitare così la dispersione
delle due prestigiose raccolte) con un preciso intento didattico. Insieme
alla Pinacoteca venne infatti stabilita sul Campidoglio anche la Scuola del
Nudo dell'Accademia di San Luca, che consentiva ai giovani artisti di
studiare direttamente le opere del passato.
I Sacchetti, per far fronte ai creditori, si trovarono nella necessità di
vendere una cospicua parte della loro notevole raccolta di dipinti. Le
trattative furono condotte dal Valenti Gonzaga e il 3 gennaio 1748
vennero acquistati 187 quadri.
La ferma volontà di impedire che un cospicuo numero di quadri lasciasse
Roma, spinse poco tempo dopo il pontefice, di fronte alla richiesta da
parte del principe Giberto Pio di poter trasferire in Spagna la raccolta di
famiglia (con il chiaro intento di venderla), a concedere l'autorizzazione
con la condizione di poter esercitare un diritto di scelta su parte della
collezione. Il principe dovette quindi cedere nel 1750 al papa un quarto
della sua collezione, 126 dipinti.
Per accogliere le due collezioni vennero appositamente costruite le attuali
Sale di Santa Petronilla (Sacchetti) e di Pietro da Cortona (Pio).
Rispetto al nucleo originario della metà del XVIII secolo, alcune
variazioni furono provocate nel 1818 dalla decisione di destinare alle
collezioni capitoline la grande pala con il *Seppellimento di Santa
Petronilla* del Guercino che impose uno spostamento di opere nella
Pinacoteca Vaticana e nell'Accademia di San Luca. Queste perdite furono
compensate da alcune importanti acquisizioni tra Otto e Novecento, tra
cui un piccolo ma prezioso gruppo di opere su tavola del XIV e XV secolo
proveniente dalla collezione Sterbini.
Il patrimonio della raccolta capitolina comprende oggi anche importanti e

ricchi nuclei di arte decorativa e applicata, grazie ad alcune donazioni: il
lascito Cini di porcellane e di mobili romani del XVII secolo, quello
Primoli di dipinti e di mobili del XVIII secolo e infine il dono Mereghi di
porcellane dell'Estremo Oriente.
Negli ultimi decenni hanno contribuito ad arricchire la consistenza della
Pinacoteca altri doni e acquisti di rilievo.

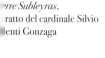

rre Subleyras,
ratto del cardinale Silvio
enti Gonzaga

L'Italia centrale dal medioevo al Rinascimento

Nella sala sono esposti dipinti su tavola dal tardo medioevo al
Cinquecento, che testimoniano i grandi cambiamenti avvenuti nella
pittura italiana dal Trecento in avanti. Opere di soggetto quasi sempre
religioso, questi quadri illustrano anche la varietà della produzione, come
rivelano i differenti formati. Nel caso dei dipinti medioevali, si tratta
spesso di frammenti di polittici, lavori di grande formato destinati agli
altari, in cui immagini di santi o celebri episodi della storia religiosa
contornavano i pannelli centrali dedicati a Cristo o alla Vergine: è questo
il caso della *Maddalena* e di *San Bartolomeo* del senese Bartolomeo
Bulgarini (notizie dal 1337 al 1378), mentre la tavola fiorentina con
l'*Incoronazione della Vergine* era probabilmente la parte superiore
(cimasa) di una composizione più vasta. Nelle opere del Cinquecento è
possibile vedere come sia stata rapida la diffusione in diverse città italiane
delle novità pittoriche del primo Rinascimento.

iccolò di Pietro Gerini
irenze, notizie dal 1368 al 1416), *Trinità*.
opera è stata eseguita per il mercante
Prato Francesco Datini, raffigurato
basso insieme alla moglie e riconoscibile
llo stemma. L'evidente mancanza
proporzione era un effetto voluto, come
gno di umiltà rispetto ai personaggi divini.

Cola dell'Amatrice (Nicola Filotesio,
Amatrice 1480 – Ascoli Piceno 1547 ca.),
Morte e Assunzione della Vergine.
Proviene dalla chiesa di San Domenico ad
Ascoli Piceno. Il soggetto, tramandato
dagli scritti apocrifi, era molto diffuso e
l'ordine domenicano era impegnato nella
diffusione del culto della Vergine.

Francesco Francia (Bologna 1450 – 1517)
e Bartolomeo Passerotti (Bologna 1529 –
1592), *Presentazione al Tempio*.
Il quadro – che ha il classico formato della
pala d'altare – era stato iniziato dal
Francia, probabilmente per una chiesa di
Bologna. Rimasto incompiuto per la morte
dell'artista, venne completato diversi anni
più tardi dal Passerotti, che apportò alcune
modifiche, tra cui la trasformazione del
committente, inginocchiato a destra, in
una figura di San Girolamo con il leone.

Il Cinquecento a Ferrara

Vivace centro culturale (si pensi a Ludovico Ariosto e a Torquato Tasso) e
capitale della signoria degli Estensi, Ferrara venne annessa allo Stato della
Chiesa nel 1598. Per la posizione geografica della città, nella pittura
ferrarese si combinavano le proposte artistiche veneziane, fondate su una
brillante gamma cromatica, e una solida struttura del disegno,
caratteristica della produzione dell'Italia centrale: lo studio diretto di
Tiziano e di Raffaello consente ai principali artisti di Ferrara di dipingere
opere ricche di fascino evocativo e di attenzione ai particolari. La
presenza di consolidate botteghe – la principale era quella di Garofalo –
contribuì alla diffusione di un gusto raffinato ed elegante.

rofalo (Benvenuto Tisi, Garofalo 1476 – Ferrara 1559), *Annunciazione*. data 1528 si legge sopra il camino, a tra, mentre i tre garofani in primo piano o un chiaro riferimento al soprannome pittore. Allo sfarzo delle vesti 'arcangelo Gabriele corrisponde la nplicità della Vergine, raffigurata 'intimità domestica. La solida struttura ziale, sottolineata dalle colonne trali, è attraversata dalla diagonale con re figure della Trinità: Dio Padre, Gesù nbino con i simboli della Passione e la omba dello Spirito Santo.

Dosso Dossi (Giovanni Luteri, ? 1489 ca. – Ferrara 1542), *Sacra Famiglia*. Dipinta verso il 1527 per una chiesa di Ferrara, la grande pala d'altare concentra l'attenzione sull'affettuoso rapporto tra Maria, Gesù Bambino e San Giuseppe, raffigurato con vivaci accenti naturalistici. L'aggraziata posa della Vergine deriva da un solido impianto monumentale, sottolineato dalle equilibrate gradazioni cromatiche delle sue vesti.

Scarsellino (Ippolito Scarsella, Ferrara 1550 ca. – 1620), *Adorazione dei Magi*. Il pittore è stato l'ultimo protagonista della più importante stagione artistica ferrarese. In questa tela del 1600 circa sono evidenti i richiami alla tradizione artistica di Ferrara, ma anche alla pittura veneta e alle nuove proposte bolognesi. La Sacra Famiglia è raffigurata su uno sfondo architettonico e non nella più consueta stalla.

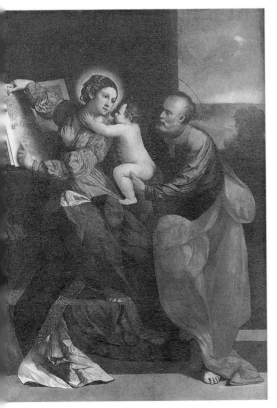

Venezia e il suo territorio: il Cinquecento

La brusca interruzione degli antichi rapporti commerciali con l'Oriente, causata dalle conquiste turche e dalla scoperta dell'America, avevano rivolto gli interessi dello Stato veneziano (la Serenissima Repubblica) verso l'Italia, con naturali riflessi sulla produzione artistica. In breve tempo Venezia diventò, insieme a Firenze e a Roma, uno dei principali centri pittorici. Il particolare risalto dato al colore è la caratteristica principale della pittura veneziana, che esercitò fino alla metà del Settecento un'ampia suggestione su tutta la pittura europea, grazie anche all'estesa produzione delle botteghe di Tiziano, Tintoretto, Veronese e Bassano.

ziano Vecellio (Pieve di Cadore 1490 ca. Venezia 1576), *Battesimo di Cristo*. era giovanile (1512 ca.), il quadro ne realizzato per Giovanni Ram, figurato a destra mentre assiste episodio evangelico.

Giovanni Girolamo Savoldo (Brescia 1480 ca. – Venezia 1548), *Ritratto di donna*. L'arte dell'entroterra veneto combinava le proposte artistiche della città lagunare con il tradizionale realismo della pittura lombarda. La donna, di cui è messa in risalto la sobria eleganza e la devozione (il piccolo libro di preghiere nella mano sinistra), è raffigurata con un piccolo drago, simbolo di Santa Margherita, patrona delle partorienti.

Veronese (Paolo Caliari, Verona 1528 – Venezia 1588), *Ratto d'Europa*. Il soggetto mitologico, particolarmente caro al pittore, è celebre: Giove, sotto l'aspetto di un toro bianco, conduce la giovane Europa nell'isola di Creta. Nella tela si ritrova tutta la straordinaria capacità scenografica dell'artista, realizzata con l'impiego di una vibrante gamma cromatica.

Tra Cinquecento e Seicento: Emilia e Roma

Le opere di questa sala, quasi tutte emiliane, sono una preziosa
testimonianza della varietà della produzione artistica, che accanto alle
grandi opere per chiese e palazzi pubblici e privati prevedeva l'esecuzion
di lavori di formato ridotto per ambienti minori e, in parallelo, di copie d
opere celebri, all'epoca molto richieste dal mercato. Dipinti di questo tip
hanno avuto un ruolo fondamentale per la diffusione delle nuove propost
artistiche e per consentire lo studio dei grandi maestri a intere
generazioni di giovani pittori.

opia da Correggio (Antonio Allegri,
orreggio 1494 – Parma 1534),
adonna di Albinea.
originale, andato disperso nel corso
el Settecento, era stato eseguito
r la chiesa di San Prospero ad Albinea
eggio Emilia). Lo stile classico
Correggio, uno dei massimi protagonisti
l primo Cinquecento, divenne
riferimento per la grande pittura
niliana del Seicento.

Cavalier d'Arpino (Giuseppe Cesari,
Arpino 1568 – Roma 1640),
Diana cacciatrice.
La non comune capacità narrativa
del pittore, che dipinse questa piccola
e raffinata tavola intono al 1600, si può
comprendere meglio negli affreschi
della Sala degli Orazi e Curiazi
al primo piano di questo palazzo.

Sala
di Santa Petronilla

Pinacoteca
Capitolina

Palazzo
dei Conservatori

La grande pittura del Seicento a Roma

Il nome della sala deriva dal titolo della tela del Guercino, alta più di sette
metri, che raffigura il *Seppellimento di Santa Petronilla*: realizzata per un
altare della basilica di San Pietro, venne collocata nella parete di fondo di
questo ambiente nel 1818.
Nella sala sono esposte opere di straordinario rilievo come le due tele del
Caravaggio, la *Buona ventura* (1595 ca.) e il *San Giovanni Battista* (160°
ca.) e altri significativi esempi dei primi decenni del Seicento, legati
direttamente o indirettamente alla produzione pittorica romana. A Roma,
che fu almeno fino alla metà del secolo il principale centro della cultura
figurativa e luogo di incontro di artisti di diversa provenienza, erano
avvenuti alla fine del Cinquecento due fatti nuovi, destinati a rivoluzionar
il campo delle arti figurative. Nei primi anni Novanta era giunto dalla
Lombardia Michelangelo Merisi da Caravaggio e nel 1595, da Bologna,
Annibale Carracci, incaricato di affrescare la galleria di Palazzo Farnese.
In modo diverso i due artisti segnarono profondamente il senso della
ricerca pittorica; Caravaggio spostò l'attenzione sul dato della realtà,
Annibale su un nuovo classicismo profondamente meditato sugli esempi
antichi e su Raffaello. Allievo diretto di Annibale fu Domenichino,
che ben presto occupò un ruolo di primo piano a Roma quale caposcuola
della corrente classica: la *Sibilla* del 1622 circa rimanda a modelli ideali
di matrice raffaellesca. Dalla scuola di Annibale proviene anche
Francesco Albani (Bologna 1578-1660) che eseguì a Bologna,
prima del suo trasferimento a Roma, la grande tela con la *Nascita
della Vergine*, mentre la lavagna con la *Madonna con il Bambino e angeli*
del 1610 circa, è testimonianza del suo classicismo maturo. Il notevole
gruppo dei dipinti del Guercino consente invece di seguire le varie fasi
della sua ricca produzione: il *San Matteo e l'Angelo* è tra i capolavori
del primo periodo nel quale sono ancora presenti le caratteristiche
della sua maniera giovanile dai contorni sfumati e dalla materia densa
e fluida. Tornato in Emilia, anche Guercino si avvierà verso una pittura
più ferma e classica come dimostrano la *Cleopatra davanti a Ottaviano*
e la *Sibilla Persica*.

aravaggio (Michelangelo Merisi,
aravaggio 1571 – Porto Ercole 1610),
uona ventura.
un'opera giovanile, eseguita intorno
1595, che si trovava nella collezione del
rdinale Francesco Maria Del Monte, uno
i primi protettori dell'artista. Il soggetto
l dipinto rivela la nuova attenzione
piegata da Caravaggio per scene prese
lla strada. Ugualmente nuova appare
presentazione dei protagonisti
figurati contro un fondo chiaro senza
dicazione di ambiente e profondità.

Caravaggio (Michelangelo Merisi,
Caravaggio 1571 - Porto Ercole 1610),
San Giovanni Battista.
Dipinta verso il 1602 per la famiglia
Mattei, l'opera appare rivoluzionaria
non solo per il modo di rappresentare
il santo (anche se la posa si ispira
agli ignudi michelangioleschi
della Cappella Sistina) ma anche per l'uso
del chiaroscuro che fa emergere
con potenza la figura dal fondo indistinto.

Pieter Paul Rubens (Siegen 1577 - Anversa 1640), *Romolo e Remo*.
La tela è stata dipinta intorno alla metà del secondo decennio del Seicento ad Anversa, dove l'artista si era stabilito dopo il rientro dall'Italia. Rubens infatti è stato uno dei primi artisti stranieri del Seicento ad avere una lunga e feconda esperienza italiana dal 1600 al 1608. Nel dipinto il gruppo centrale deriva da una scultura antica con la lupa e i gemelli accanto al fiume Tevere che l'artista ebbe modo di vedere e disegnare in Vaticano.

uercino (Giovanni Francesco Barbieri,
ento 1591 – Bologna 1666),
eppellimento di Santa Petronilla.
a grande pala fu dipinta per la basilica
San Pietro tra il 1621 e il 1623,
ommissionata da Gregorio XV Ludovisi,
papa bolognese che aveva chiamato
artista a Roma. La scena è divisa
due registri: in basso la santa è calata
ella tomba da possenti figure
necrofori con intorno altri gruppi
personaggi ben delineati nei piani
profondità; in alto l'apoteosi è costruita

sul contrasto tra la bellissima figura
del Cristo e la ricca veste decorata
della santa.

La pittura a Bologna dai Carracci a Guido Reni

Nella sala sono conservate opere di scuola bolognese realizzate tra la fine
del XVI e la prima metà del XVII secolo, alcune delle quali sono
significative testimonianze di immagini religiose legate al nuovo spirito
della Controriforma, che era stato codificato in campo artistico nel
Discorso sopra le immagini sacre e profane del cardinale Gabriele Paleotti
vescovo di Bologna. Negli stessi anni l'Accademia bolognese, fondata da
Annibale e Agostino Carracci e dal loro cugino Ludovico, era andata
elaborando un tipo di arte devozionale attenta a questa nuova e profonda
sensibilità religiosa. Si veda il *San Francesco adora il Crocifisso* di
Annibale (1585 ca.) e il dipinto dello stesso soggetto di Ludovico
Carracci (Bologna, 1555-1609), al quale spettano anche la *Sacra
Famiglia e santi* (1590 ca.) e la piccola tela con *Santa Cecilia* (1603-05).
Numerosi nella sala sono i dipinti di Guido Reni o comunque da riferire
suo stretto ambito. L'artista, che aveva frequentato l'accademia dei
Carracci ed era giunto a Roma nel 1599, preferì dopo qualche tempo
tornare a Bologna perseguendo un suo personale classicismo. La ricerca
del bello ideale di Guido Reni giungerà infine a una pittura libera da ogni
intento mimetico della realtà esterna, come mostrano le opere dell'ultimo
periodo qui esposte quali l'*Anima beata*, la *Fanciulla con corona*,
Lucrezia, *Cleopatra*, *Gesù e San Giovannino*.

uido Reni (Bologna, 1575-1642),
n Sebastiano.
un'opera databile intorno al 1615.
santo è ritratto in primo piano, contro
paesaggio animato da piccole figure.
el corpo del santo appaiono evidenti
rese da modelli statuari classici che
rtista aveva potuto studiare a Roma.

Guido Reni (Bologna, 1575-1642),
Anima beata.
È un dipinto del 1640-1642, che si trovava
ancora nello studio dell'artista al momento
della sua morte, come rivela l'inventario
dei beni. Qui la religiosità di Guido trova
espressione in un'immagine pura e astratta
che vuole essere la raffigurazione
dell'anima che ascende al cielo, verso la
luce divina. Anche in quest'opera la
bellezza del nudo, che poggia sulla curva
del globo terreste, rimanda a modelli
antichi.

Guido Reni (Bologna, 1575-1642),
Fanciulla con corona.
È difficile identificare il soggetto di questa
tela, senza dubbio una delle più
straordinarie opere della produzione finale
dell'artista. La figura si ispira nella posa e
nel panneggio delle vesti a una scultura
antica. L'immagine ripropone ai massimi
livelli la forza suggestiva dei dipinti tardi
del Reni: la pennellata sciolta e l'assenza di
colore ne fanno quasi un'entità incorporea.

Sala
Pietro da Cortona

Pinacoteca
Capitolina

Palazzo
dei Conservatori

La pittura barocca: Pietro da Cortona e i cortoneschi

Dall'intenso clima culturale romano dei primi decenni del Seicento nascerà intorno agli anni Trenta il barocco, termine generico che definisce una complessa derivazione del classicismo. La stagione centrale del barocco coincide con il papato di Urbano VIII Barberini, che interviene personalmente nella scelta programmatica degli artisti e di notevoli imprese urbanistiche e decorative. Alla straordinaria carriera di Gian Lorenzo Bernini come scultore e architetto corrisponde sul versante pittorico la produzione di Pietro da Cortona, il primo autentico rappresentante del nuovo stile. Nella sala è riunito un importante numero di opere che Pietro da Cortona eseguì per la famiglia Sacchetti, a partire dai primi tempi della sua lunga permanenza a Roma, dove l'artista era giunto dalla natia Toscana nel 1612 e dove più tardi sarà a capo di un'importante bottega. A Giovanni Maria Bottalla (Savona, 1613-1644), seguace di Pietro, spettano i due grandi quadri di soggetto biblico *Incontro di Esaù e Giacobbe* e *Giuseppe venduto dai fratelli*, eseguiti intorno al 1640. Di Giovanni Francesco Romanelli (Viterbo, 1610-1662), uno dei massimi allievi di Pietro, sono il *Ratto di Elena* del 1631 circa e il bellissimo *David* del 1640 circa, che testimonia la raggiunta autonomia dallo stile del maestro a favore di un personale e prezioso classicismo.

Pietro da Cortona (Pietro Berrettini,
Cortona 1597 – Roma 1669),
Sacrificio di Polissena.
È un'opera databile intorno al 1624
e dovette costituire una prima importante
prova per dipinti di grandi dimensioni.
Il drammatico soggetto dell'eroina troiana,
figlia di Priamo, derivato da successive
rielaborazioni dei poemi omerici,
è costruito su tre gruppi di personaggi
distribuiti simmetricamente
e parallelamente al piano di fondo,
rischiarato da una luce notturna
nella quale si intravedono alberi
e architetture. Notevole è la pastosità
della materia pittorica.

Pietro da Cortona (Pietro Berrettini, Cortona 1597 – Roma 1669), *Ratto delle Sabine*.

La narrazione dell'episodio, tramandato da Plutarco e da Tito Livio e che riguarda le origini leggendarie di Roma, è risolta dall'artista in modo del tutto diverso rispetto al *Sacrificio di Polissena*. Qui la simmetria viene abbandonata a favore di un andamento mosso e centrifugo e tutta la composizione si svolge su linee diagonali. Pietro da Cortona raggiunge in quest'opera la sua

maturità stilistica e giustamente il dipinto, del 1630 circa, è stato considerato il primo "manifesto" della pittura barocca.

Pietro da Cortona (Pietro Berrettini, Cortona 1597 – Roma 1669), *Ritratto di Urbano VIII*.

Con la nomina di Maffeo Barberini al soglio pontificio nel 1623 con il nome di Urbano VIII, la famiglia Sacchetti vide aumentare il proprio ruolo sociale. Questo dipinto, eseguito intorno al 1626-1627, testimonia il sodalizio tra le famiglie Barberini e Sacchetti che commissionarono a Pietro il ritratto del loro protettore.

Tendenze artistiche a Roma nel Seicento

La sala costituisce un momento di confronto con le adiacenti
di Santa Petronilla, Pietro da Cortona e della Galleria Cini. Le opere
esposte sono databili tra il terzo e il sesto decennio del Seicento
e sono ascrivibili all'intensa stagione dell'arte barocca romana.
Roma, come si è detto, era nella prima metà del secolo luogo di incontro,
formazione e studio di artisti di varia provenienza, come il francese
François Perrier al quale spettano i due dipinti di soggetto biblico
Mosè fa scaturire l'acqua dalla roccia e *Adorazione del vitello d'oro*.
Dal Ticino viene Pier Francesco Mola (*Diana ed Endimione*) e dall'Emilia
Giovanni Lanfranco (*Erminia tra i pastori*) e Emilio Savonanzi
(*Morte di Adone*). Alcuni piccoli quadri testimoniano il gusto nato
nei primi tempi del Seicento per il genere del paesaggio ideale
che aveva trovato espressione di altissimo livello nelle opere di Annibale
Carracci e Domenichino. Giovanni Battista Viola e Pietro Paolo Bonzi,
ai quali sono da riferire le opere qui esposte, ne divennero in seguito
specialisti.

François Perrier (Selins 1590 – Parigi 1650), *Adorazione del vitello d'oro*. Insieme al *pendant* con *Mosè fa scaturire l'acqua dalla roccia*, venne eseguito intorno al 1641-1642 per il cardinale Giulio Sacchetti. L'artista rielabora la lezione dei massimi maestri del tempo, soprattutto Pietro da Cortona e Poussin, dando vita a due tele monumentali nelle quali la complessità dell'impianto si accompagna alla raffinata ricerca cromatica.

Pier Francesco Mola (Coldrerio 1612 – Roma 1666), *Diana ed Endimione*. L'opera venne realizzata per Bonaventura Argenti, musico della Cappella Pontificia, probabilmente intorno al 1660. Un'atmosfera romantica permea questa scena notturna nella quale la Luna (Diana) guarda il pastore Endimione che dorme, immerso da Giove in un sonno senza fine in cambio dell'eterna giovinezza. Evidente nell'opera quella tendenza neoveneta della quale Mola fu uno dei più significativi rappresentanti.

Prende il nome dal lascito (1880) del conte romano Francesco Cini che volle
donare al Comune di Roma la sua ricca collezione di porcellane e arredi. Nei
diversi settori della galleria i dipinti sono raggruppati per generi. Vicino
all'esedra con le vetrine delle porcellane cinesi sono presentate opere di artisti
fiamminghi e olandesi: la *Crocifissione* di Gabriel Metsu (Leida 1629 –
Amsterdam 1667), il *Trionfo della Croce* di Leonard Bramer (Delft 1596-
1674) e alcuni piccoli paesaggi, testimonianza della diffusione di questo
particolare genere pittorico nell'Europa settentrionale. Alla pittura di genere
appartengono anche le opere esposte sulla parete di sinistra prima delle
colonne: la coppia di *Contadini* di Michael Sweerts (Bruxelles 1618 – Goa
1664) e la *Danza di contadini* di Michelangelo Cerquozzi (Roma 1602-1660)
che mostrano la nuova attenzione per le scene di vita quotidiana e per la gente
semplice. Intorno alla metà del Seicento vanno datati la *Strega* e il *Soldato* di
Salvator Rosa (Napoli 1615 – Roma 1673). Al genere del vedutismo, poi
diffusosi nel Settecento, appartengono le dieci opere di Gaspar Van Wittel
(Amersfoort 1653 – Roma 1736), tra le quali particolarmente pregevole è la
serie di sette *Vedute di Roma* realizzate a tempera su pergamena.
Nell'ambiente successivo è stata riunita una significativa serie di ritratti dipinti
tra il XV e il XVII secolo. I due piccoli lavori di Giovanni Bellini (Venezia 143
ca. – 1516) e di Giovanni Buonconsiglio detto il Marescalco (Vicenza 1470 ca.
– 1535/1537) costituiscono significativi esempi della ritrattistica veneta del
tardo Quattrocento. Un'accentuata penetrazione psicologica è rintracciabile
nei tre dipinti di Bartolomeo Passerotti (Bologna 1529-1592), uno dei più
celebri ritrattisti del Cinquecento: il *Ritratto d'uomo*, il *Ritratto di uomo con
cane* e il *Doppio ritratto di musici* sono tele databili tra la fine degli anni
Settanta e il 1585. Alta testimonianza della ritrattistica del Seicento sono i due
ritratti di Anton Van Dyck e il problematico ritratto attribuito a Diego
Velázquez. L'ultimo ambiente della Galleria Cini è dedicato al ristretto gruppo
di opere settecentesche presenti nella raccolta. Di Domenico Corvi (Viterbo
1721 – Roma 1803) sono *Romolo e Remo*, copia dal dipinto di Rubens oggi
nella Sala di Santa Petronilla, la *Dea Roma in trono*, la *Vestale Tuccia* e *Camillo
e il pedagogo di Falerii*, lavori preparatori, commissionati nel 1764, per gli
arazzi conservati nella Sala degli Arazzi dell'Appartamento dei Conservatori.
Nella *Sacra Famiglia* di Pompeo Batoni (Lucca 1708 – Roma 1787)

Anton Van Dyck (Anversa 1599 – Londra
1641), *Ritratto dei fratelli de Wael*.
I due fratelli, entrambi artisti, erano legati
al pittore da una viva amicizia. Il quadro
venne realizzato a Genova, dove Van Dyck
era arrivato nel 1621 e dove avrebbe
consolidato la sua fama di pittore europeo,
affermandosi come il più richiesto
ritrattista dell'aristocrazia locale.

Diego Velázquez (Siviglia 1599 –
Madrid 1660), *Autoritratto*.
L'antica attribuzione al pittore spagnolo
viene oggi riconfermata dagli studi:
si tratta probabilmente di un vivido
autoritratto in veste di Virtuoso del
Pantheon (una congregazione di artisti),
che Velázquez avrebbe realizzato durante
il suo secondo soggiorno romano
(1649-1651).

si ritrovano riprese dal classicismo cinquecentesco di Raffaello. Il percorso della Pinacoteca si conclude con il *Ritratto del cardinale Silvio Valenti Gonzaga*, promotore della fondazione della raccolta capitolina, di Pierre Subleyras (Saint-Gilles 1699 – Roma 1749).

Le porcellane

Nel 1880 il conte Francesco Cini lasciò al Comune di Roma la sua collezione di "*porcellane di Sassonia, China e Giappone*" (oltre a mobili, dipinti e orologi), fino ad allora conservata nella sua residenza a Palazzo Altemps.
Il nucleo principale è costituito dalle porcellane della manifattura sassone di Meissen (secoli XVIII-XIX), di cui sono esposte diverse serie: maschere della Commedia dell'arte, animali, i celebri *Idilli pastorali*, santi, oggetti da tavola e l'originale *Concerto di scimmie*. Appartengono invece alla produzione italiana gli esemplari delle fabbriche di Capodimonte e della Real Fabbrica Ferdinandea (1763-1806) e di Doccia (1737-1757) e i pregiati *biscuit* di Giovanni Volpato: la sua manifattura romana (1785-1818) era specializzata nella produzione di repliche in piccolo formato di celebri sculture classiche (Galata morente, Ares Ludovisi, Fauno Barberini). Nel 1801 l'artista, insieme al figlio Giuseppe, avviò a Civita Castellana una manifattura di terraglie, di cui sono esempi i gruppi con Satiro e Ninfa e Amore e Psiche. Nel 1953, grazie al lascito del marchese Paolo Mereghi, si aggiunge alle raccolte capitoline un importante gruppo di oggetti orientali in porcellana, giada, corallo, grès e cristallo di rocca.

Gli arazzi

La serie venne realizzata dalla manifattura di Anversa di Michel Wauters verso la metà del Seicento, su cartoni di Abraham van Diepenbeek (1596-1675), poliedrico artista fiammingo in contatto con i seguaci di Pieter Paul Rubens. In un secondo tempo, nella bordura inferiore è stato inserito un piccolo animale – un simbolo araldico o un emblema – al posto della scritta esplicativa, spostata in alto. I sei arazzi narrano la vita di Semiramide, leggendaria regina di Babilonia, famosa per la sua bellezza e il suo spirito guerriero.

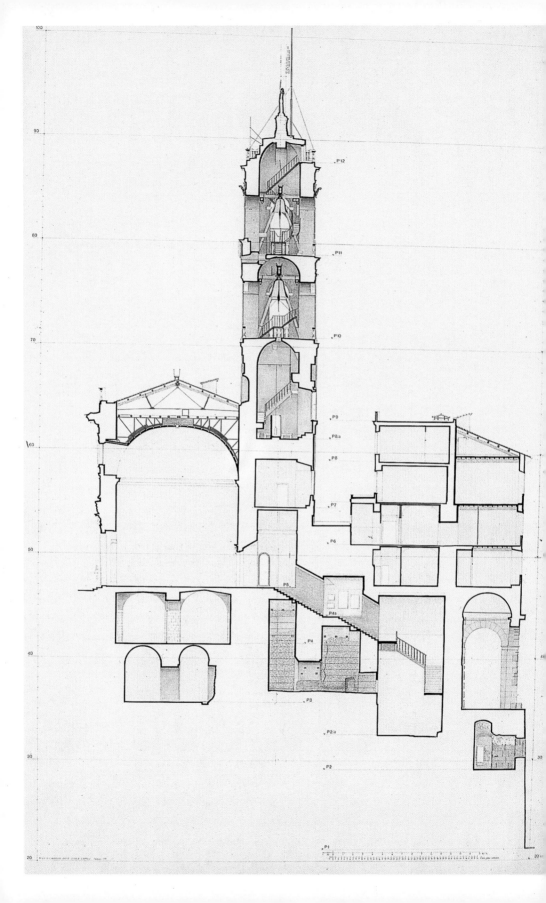

P12

P11

P10

P9

P8a

P8

P7

P6

P5

P4a

P4

P3

P2a

P2

P1

piano -1

I Galleria del *Tabularium*
II Sala del Boia
III Tempio di Veiove
IV Scala Romana

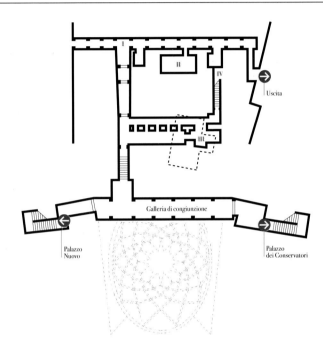

Uscita

Galleria di congiunzione

Palazzo
Nuovo

Palazzo
dei Conservatori

Gli scavi eseguiti alla fine degli anni Trenta sotto la piazza del Campidoglio, tra il basamento di Marco Aurelio e il Palazzo Senatorio, per realizzare una galleria sotterranea che mettesse in comunicazione i tre palazzi capitolini, hanno evidenziato una situazione archeologica inaspettata; l'area era tradizionalmente identificata con l'*Asylum* in cui Romolo aveva radunato i rifugiati dai vicini villaggi per popolare la nuova città.

Il piano della piazza attuale è a circa 8 metri dal livello di una strada antica che, salendo dal Campo Marzio, percorreva il fondo di una stretta valle che si insinuava tra i due pendii dell'*Arx* e del *Capitolium*; la strada era costeggiata da edifici in laterizio di età imperiale, l'ultimo dei quali era caratterizzato da pilastri con mensole a sostegno di balconi.

Il pendio dell'*Arx* era poi occupato da strutture laterizie pertinenti a edifici a più piani che si disponevano ai lati di una strada più alta di quella di fondo valle e diretta verso la sommità dell'*Arx*. Potenti muri di terrazzamento in grandi blocchi di tufo sostenevano poi i pendii.

La strada proveniente dal Campo Marzio doveva girare verso il *Capitolium* costeggiando il Tempio di Veiove e il *Tabularium*.

Nel I secolo a.C. sulle pendici del colle capitolino che degradano verso il Foro Romano fu costruita un'imponente struttura in opera quadrata e cementizia all'interno della quale ebbe sede il *Tabularium*, l'antico archivio romano.

Nonostante l'imponenza e l'importanza della costruzione, non si hanno notizie da fonti letterarie su questo edificio: esse sono pertanto desumibili esclusivamente dalla lettura diretta delle strutture superstiti, la cui interpretazione è resa difficile dalla continuità d'uso che le ha sempre caratterizzate. In età romana, forse flavio-traianea, il *Tabularium* subì un consistente intervento in seguito al quale la galleria inferiore venne occupata da un condotto idrico e venne abbandonata la scala verso il Foro. Contemporaneamente il Tempio di Veiove fu dotato di una volta in muratura. Nelle epoche successive al periodo romano il *Tabularium* non sembra essere stato saccheggiato dai predatori e dai cavapietre che contribuirono a distruggere gli altri edifici del colle, ma abitato e fortificato. Su di esso è stato poi costruito il Palazzo Senatorio, sede del Senato Romano, costituito nel 1144, e del suo capo simbolico, il Senatore. Il Palazzo Senatorio è stato ampliato e modificato nel corso dei secoli e i diversi ambienti di età romana sono stati variamente utilizzati a seconda delle esigenze che via via si manifestavano: essi hanno ospitato la "salara del Campidoglio" fino al XVII secolo, cucine, stalle e servizi del Senatore, prigioni per i detenuti in attesa di giudizio del tribunale senatorio.

La riscoperta del monumento romano inizia nell'Ottocento, prima con gli scavi nel Foro Romano che rimisero in luce i templi di Vespasiano e Tito e della Concordia ai piedi del *Tabularium*, poi con gli sterri degli ambienti interni.

Negli anni a cavallo della metà del secolo, in seguito alla trasformazione generale delle competenze e della struttura burocratica del Comune di Roma, in particolare in seguito alla soppressione del tribunale senatorio e delle relative prigioni, vengono eseguiti grandi lavori di adattamento dell'edificio alle nuove esigenze amministrative. Vengono pertanto realizzati uffici nei piani superiori, ora nettamente separati dagli ambienti pertinenti al monumento romano: di questi ultimi faceva parte anche la galleria di Sisto IV, alla quale si accedeva esclusivamente dalla galleria sul fronte del Foro.

Il Palazzo Senatorio in un disegno di Etienne Dupérac databile intorno al 1563: si noti l'unica arcata del *Tabularium* rimasta aperta e accessibile dal Foro Romano come ingresso alla "salara"

Il Palazzo Senatorio all'inizio del XIX secolo in un disegno di Filippo Juvarra

ezione ricostruttiva
el *Tabularium*
i Constant Moyaux, 1867

Il Palazzo Senatorio
nel XIX secolo in un acquerello
di Constant Moyaux

La volontà di valorizzare il monumento romano e di collegare i tre palazzi capitolini con una galleria sotterranea porta, alla fine degli anni Trenta, a grandiosi lavori di ristrutturazione che vedono in particolare l'apertura di due arcate della galleria sul Foro e la scoperta del Tempio di Veiove nella galleria di Sisto IV. Gli allarmi destati dal continuo degrado degli antichi muri e dal pericolo di slittamento di tutto il complesso hanno portato, negli ultimi venti anni, alla realizzazione di una nutrita serie di indagini, sulla base delle quali è stato elaborato un progetto di restauro inserito in un più ampio piano di ristrutturazione di tutto il complesso del Palazzo Senatorio.

Il *Tabularium*, che deriva il suo nome dalle *tabulae* di bronzo nelle quali venivano incise le leggi e gli atti ufficiali, è stato identificato all'inizio del XV secolo sulla base di una iscrizione letta da Poggio Bracciolini e poi andata perduta; l'iscrizione, molto rovinata e scritta in lettere antiche, si poteva leggere presso la "salara" del Campidoglio, all'interno del Palazzo Senatorio. Da essa si evinceva che Quinto Lutazio Catulo, durante il suo consolato, nell'anno 78 a.C., aveva eseguito il collaudo della *substructio* e del *Tabularium*.

Un'iscrizione analoga è stata trovata nel secolo scorso dal Canina incisa in alcuni blocchi di tufo pertinenti a una piattabanda e da lui ricollocata nel corridoio su via di San Pietro in Carcere; quest'ultima ricorda soltanto il collaudo del 78 a.C. e il nome del collaudatore, non quello dell'edificio.

La costruzione del *Tabularium* è stata messa in relazione con l'incendio che, nell'83 a.C., devastò il Tempio di Giove Capitolino e in seguito al quale venne affidato, allo stesso Quinto Lutazio Catulo, il compito di restaurare il grande tempio: compito che egli completò durante la sua censura, nel 65 a.C.; in questi anni egli fu probabilmente aiutato da quel Lucio Cornelio, ricordato in un'iscrizione funeraria, che fu prefetto del genio e architetto proprio negli anni del consolato e della censura di Lutazio Catulo.

A giudicare dai resti degli edifici preesistenti si ha la sensazione che il *Tabularium* abbia modificato le pendici del colle in modo sostanziale, realizzando un'unica, robusta struttura a rinforzo del pendio, costituito in quest'area da terreni argillosi; il nucleo centrale del *Tabularium* risulta così articolato in vani di fondazione che danno luogo a terrazzamenti lungo il pendio del colle. La struttura è poi attraversata da una ripida scala che sale dal Foro Romano, sul quale si apriva con una porta in travertino. I muri, in opera cementizia, presentano verso l'esterno un rivestimento in blocchi sistemati alternativamente per testa e per taglio in pietra gabina o in tufo rosso.

L'articolazione dell'edificio risulta piuttosto complessa e di non facile lettura anche per la perdita dei livelli superiori, distrutti o inclusi nelle posteriori costruzioni, e di tutto il fronte nord-ovest sull'attuale piazza. È probabile che ci fosse infatti almeno un altro piano sopra la galleria sul Foro, come sembra di poter dedurre dalla presenza, nell'area forense ai piedi del monumento e forse da questo crollati, di alcuni capitelli in travertino; a questo piano doveva condurre una scala, purtroppo assai mal conservata, che saliva dai pressi del Tempio di Veiove. Un'ulteriore anomalia è costituita dall'originale angolo rientrante che il suo perimetro, grossomodo rettangolare, forma in corrispondenza del preesistente Tempio di Veiove.

attabanda con iscrizione
lativa al collaudo del 78 a.C.

Il lato sud-ovest, sull'attuale via del Campidoglio, presenta un muro
pieno, in opera quadrata di pietra gabina, ben conservato tra le torri
medioevali di Bonifacio IX e il contrafforte che chiude la galleria; al centro
di esso, inquadrata da due specchiature rettangolari incassate nella
superficie, si apre una grande nicchia quadrangolare, della quale è stata
ritrovata e lasciata in vista la soglia in travertino; specchiature e nicchia
sembrano voler alleggerire, con un effetto di chiaroscuro, l'aspetto
massiccio del muro pieno; non è però escluso che la loro presenza fosse
condizionata da strutture esistenti nell'area antistante.

Scavi eseguiti nella sede stradale nei primi anni Ottanta hanno evidenziato le
fondazioni di un poderoso muro in pietra gabina che fronteggiava il
Tabularium al di là di una strada, già individuata nell'Ottocento per la
presenza dei basoli ancora *in situ* e sicuramente preceduta da una strada di
età repubblicana e forse da una ancora più antica.

All'interno della nicchia, sulla cui parete di fondo rimangono tracce di uso
in età post-antica, è stato ricavato in tempi moderni l'accesso al
Tabularium e alla grande galleria. Quest'ultima si apre sul Foro Romano
con arcate inquadrate da semicolonne di ordine dorico in pietra gabina,
con capitelli e architrave in travertino; sia le arcate sia le estremità sono
state chiuse in epoche successive.

La galleria era coperta da volte a padiglione, delle quali rimane un unico
esempio originale nell'ultima campata verso via di San Pietro in Carcere.
Arcate separano la galleria da una serie di ambienti interni, tre su un lato, due
sull'altro di una parete piena in blocchi di pietra gabina; su quest'ultima
l'erosione eolica ha prodotto effetti molto particolari.

Al centro di essa una porta moderna permette l'accesso a un grande vano
di fondazione, immediatamente alle spalle della galleria. I vani di
fondazione dovevano essere originariamente chiusi su tutti i lati e forse
interrati, almeno in parte: le pareti sono infatti costituite dalla semplice
opera cementizia priva di fodera e sono spesso visibili nella muratura i
segni delle tavole della centina e i successivi getti di calcestruzzo.

Sterri eseguiti negli anni Trenta hanno riportato alla luce i resti di un edificio
precedente al *Tabularium*, forse realizzato nell'ambito della seconda metà del
II secolo a.C.; di esso si conserva parte del pavimento di un ambiente in

mosaico bianco e nero, dal quale si accedeva, attraverso una soglia in
travertino, a una terrazza, forse porticata, caratterizzata da un pavimento in
scaglie di calcare bianco con inserzioni irregolari di pietre colorate. Saggi di
scavo realizzati nei primi anni Ottanta hanno messo in luce una cisterna
foderata in cocciopesto obliterata da questo edificio.
Percorrendo la scala e attraversando uno stretto ambiente si giunge sulla
passerella, montata in occasione dei recenti lavori, che sovrasta i resti del
Tempio di Veiove.
Il tempio, votato nel 196 a.C. dal console Lucio Furio Purpurione in seguito
alla vittoriosa battaglia di Cremona contro i Galli Boi, venne dedicato nel
192 a.C. L'edificio attuale è una ricostruzione più o meno coeva al
Tabularium, con restauri di età flavia. Esso è caratterizzato da una cella più
larga che profonda su alto podio foderato di lastre di travertino; la cella
presenta muri in blocchi di tufo di Grotta Oscura e conserva la soglia in
travertino; un piccolo pronao con quattro colonne contiene un'ara anepigrafe
ed è raggiungibile tramite una breve scala; il tempio è rivolto a occidente,
verso la pendice del *Capitolium*.
In età flavia è stata realizzata una volta in muratura sostenuta da piloni
in laterizi; marmi colorati e stucchi dipinti decoravano il pavimento
e le pareti della cella.
È ben visibile, lungo i lati posteriore e sinistro del tempio, e quasi a ridosso
di essi, il muro in blocchi di tufo rosso pertinente alla costruzione
del *Tabularium*, alla vicinanza del quale si deve la mirabile conservazione
delle modanature del podio in travertino.
Proprio sopra i consistenti resti del tempio fu realizzata, nel Medioevo,
la rampa che dalla piazza saliva ai piani superiori del Palazzo Senatorio:
questo ha preservato l'area dagli appetiti dei cavapietre e ha permesso
di trovare, durante gli scavi degli anni Trenta, nella stessa cella dove era stata
originariamente collocata, la grande statua di culto del dio.
Tornando indietro, si raggiunge di nuovo la galleria. Lo spazio di una
campata è stato utilizzato nel XVIII secolo per una scala, l'impronta
della quale è visibile sul coevo intonaco bianco; essa univa i piani superiori
e gli alloggi del Senatore con la galleria; grazie al consistente interro
che si era accumulato a ridosso del muro del *Tabularium*, era possibile

uscire verso il Foro tramite la vicina arcata, unica rimasta sempre aperta.
Due grandi frammenti delle trabeazioni del Tempio della Concordia e di
quello di Vespasiano e Tito sono stati rimontati nell'Ottocento sulle pareti:
essi sono frutto degli scavi realizzati all'inizio del secolo ai piedi del
Tabularium. Il frammento del Tempio della Concordia, pertinente al restauro
del tempio operato da Tiberio, mostra particolare eleganza e delicatezza
degli intagli marmorei.

Il frammento del Tempio di Vespasiano e Tito, dal caratteristico chiaroscuro
e dalla particolare plasticità dei rilievi, raffigura nel fregio oggetti di culto e
strumenti sacrificali, tra i quali si notano il bucranio, la patera, il copricapo,
l'aspersorio, la brocca, il coltello.

L'ambiente dove è montata la trabeazione del Tempio di Vespasiano e Tito
era originariamente chiuso da un muro di fondo in corrispondenza dell'arco.
Quest'ultimo è stato realizzato in epoca imprecisata per la necessità di
collegare la galleria sul Foro con quella di Sisto IV; il collegamento è esistito
fino ai lavori del 1939.

Nel successivo vano di fondazione è stata sistemata la statua di culto del dio
Veiove, rinvenuta negli scavi del 1939. Di altezza doppia del vero, la statua,
purtroppo acefala, è ricavata da un unico blocco di marmo bianco. Il dio è
raffigurato secondo un'iconografia giovanile, nudo ma con la spalla e il
braccio sinistri avvolti da un ampio mantello che, con pieghe larghe e piatte,
arriva fino a terra. Simile iconografia presentano alcune statuette in bronzo e
alcune monete repubblicane, già identificate con il dio italico Veiove. Di
quest'ultimo non è chiaro il carattere, per alcuni maligno, per altri benevolo,
né il suo rapporto con Giove, a cui il dio è legato sia dagli attributi – i fulmini
e la capra – caratteristici delle due divinità, sia dal nome simile. È stata
recentemente proposta una datazione della statua in età sillana, coeva quindi
alla costruzione del *Tabularium*.

L'ultimo ambiente permette di ammirare da vicino il lato posteriore
del podio del Tempio di Veiove attraverso due varchi nel muro
del *Tabularium*, realizzati al momento dello scavo.

Tornando indietro verso la galleria, attraverso un'apertura realizzata per
esigenze di comunicazione, è possibile osservare uno degli ambienti del
fronte sud-est del *Tabularium*. Questi ultimi, a due piani, si affacciavano

:ala interna tra il Tempio
Veiove e il Foro Romano

Scala di raccordo con la galleria
di Sisto IV, distrutta
alla fine degli anni Trenta

su un corridoio di disimpegno chiuso da un muro in opera quadrata in parte
ancora esistente; proprio a una piattabanda di questo corridoio appartiene
l'iscrizione di Lutazio Catulo.

Il vano, del quale nel corso del recente restauro è stato possibile recuperare
l'originario pavimento in scaglie di calcare bianco, presenta ancora gran
parte dell'originario intonaco che copriva le pareti di tufo nonché l'originaria
volta in muratura. Simili caratteristiche presentano i due vani affiancati a esso
sul lato nord, mentre in quello sul lato sud inizia una scala che permette di
scendere verso la galleria inferiore.

Quest'ultima corre lungo il fronte del Foro Romano, verso il quale si apre
con finestre rettangolari; tramite una porta, poi obliterata, si raggiungeva
un edificio del Foro. In età flavia la galleria è stata occupata da un condotto
idrico con copertura "a cappuccina", del quale rimangono alcuni tratti.
È stata poi utilizzata, forse come magazzino, e di questa fase rimangono
gli stipiti di due porte.

Il pavimento attuale è stato portato a un livello inferiore di quello originario
e la volta è stata probabilmente alzata: il corridoio doveva essere pertanto
più angusto e particolarmente basso.

Del fronte nord-ovest del *Tabularium*, verso l'attuale piazza del Campidoglio
si conservano pochi resti, dai quali si deduce che esso, dopo la rientranza
in corrispondenza del Tempio di Veiove, proseguiva parallelamente
al fronte sud-est.

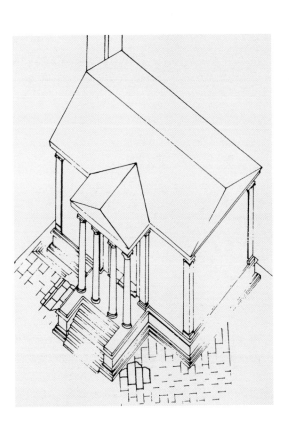

iano 0

Biglietteria

Guardaroba

Ascensore

Ingresso
Centrale Montemartini

Sala Colonne

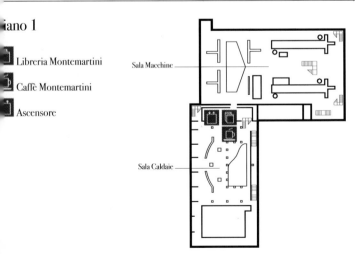

iano 1

Libreria Montemartini

Caffè Montemartini

Ascensore

Sala Macchine

Sala Caldaie

Le raccolte capitoline nella Centrale Montemartini

I lavori di restauro sono ancora in corso nei settori museali di più recente
costituzione e cioè nel Museo del Palazzo dei Conservatori (1876),
nel Museo Nuovo (1925) e Braccio Nuovo (1950-1952), ordinati l'uno nelle
sale al piano terreno di Palazzo Caffarelli e l'altro nelle antiche scuderie
dell'edificio. È, infatti, ancora in attuazione un progetto, più complesso, che
porterà alla valorizzazione del Tempio di Giove Capitolino e delle sue
possenti strutture monumentali e all'inserimento, lungo il percorso museale
di scoperte archeologiche recentissime che risalgono alle origini della città e
alle fasi più antiche di vita del colle capitolino. In questa ottica sarà realizzato
un ampliamento degli spazi espositivi con la copertura del Giardino Romano
situato in una posizione centrale tra Palazzo dei Conservatori e Palazzo
Caffarelli: una monumentale sala vetrata accoglierà il gruppo equestre di
Marco Aurelio e alcuni grandi capolavori bronzei donati al Popolo Romano
dal papa Sisto IV nel 1471, come la testa colossale, la mano e il globo della
statua di bronzo dell'imperatore Costantino. La complessità dei lavori di
ristrutturazione in questi settori museali ha indotto, sin dall'inizio, a
programmare una temporanea 'migrazione' delle collezioni archeologiche
dal Campidoglio verso una nuova sede espositiva. Sarebbe stato impensabile
infatti, relegare in magazzino tante sculture di altissimo valore artistico e di
grande importanza per la storia e la topografia della città antica: i complessi
decorativi venuti alla luce durante i lavori ottocenteschi per la creazione dei
nuovi quartieri di Roma Capitale (Esquilino, Quirinale, Viminale) e le grandi
scoperte degli anni 1930-1935 emerse per l'isolamento del Campidoglio e
dell'area archeologica del Teatro di Marcello, dell'area di largo Argentina, e
per la costruzione di via dei Fori Imperiali. È stata quindi aperta al pubblico
nel 1997, una mostra semipermanente che illustra lo sviluppo monumentale
della città dall'epoca di Servio Tullio fino all'età tardo-antica, ospitata nella
Centrale Elettrica Montemartini, situata sulla via Ostiense, poco oltre la
Piramide Cestia e Porta San Paolo. La storia dei Musei Capitolini e quella del
primo impianto pubblico per la produzione di energia elettrica si sono venuti
così a sovrapporre in un progetto unico, con una singolare commistione di
memoria dell'antico e di recupero di una tradizione industriale.

La Centrale Montemartini

L'impianto termoelettrico prende il nome da Giovanni Montemartini,
l'Assessore al Tecnologico che, nell'ambito della Giunta di Ernesto
Nathan, ne predispose il progetto dal punto di vista tecnico e politico
nell'ottica della municipalizzazione dei servizi e di un loro decentramento
nel cuore del quartiere industriale delineatosi sull'Ostiense, tra la fine del
secolo scorso e gli inizi del Novecento.
Nel 1912 la centrale sorge, sulla sponda sinistra del Tevere, in una zona di
quasi 20.000 metri quadrati, appositamente individuata perché posta
fuori dalla cinta daziale e, quindi, esente dall'applicazione di imposte sul
combustibile e molto vicina al fiume, in modo da ottenere un facile
approvvigionamento di acqua per il funzionamento degli impianti e dei
macchinari. L'energia elettrica prodotta riusciva ad alimentare
l'illuminazione di oltre il 50% delle vie e delle piazze della città.
Con gli ampliamenti degli anni Trenta e la sostituzione dei motori Diesel
forniti dalla ditta Tosi si arrivò a un potenziamento della capacità di
produzione – da 4.000 a 11.000 kW – per adeguarsi anche alle mutate
esigenze dell'utenza non solo pubblica ma anche privata. Subito dopo
l'ultima guerra venne aggiunto un imponente corpo di fabbrica per
l'installazione di tre caldaie che producevano fino a 60 tonnellate/ora di
vapore. Pochi anni dopo, la storica centrale, oberata da costi di
manutenzione, divenuti altissimi viste le sue dimensioni, perse il ruolo di
primaria importanza che aveva sempre detenuto. Nuovi impianti
produttivi vennero a soddisfare le molteplici esigenze di una città in piena
crescita economica e l'impianto Montemartini cadde in disuso.
Negli anni Ottanta si attuò il recupero del complesso industriale,
compiuto definitivamente con i lavori di adeguamento a sede espositiva
nel 1996 dell'Acea, l'Azienda municipalizzata per l'energia elettrica e
l'acqua, che ha messo a disposizione ambienti monumentali per ospitare
le collezioni dei Musei Capitolini.
La riconversione della centrale elettrica come seconda sede dei Musei
Capitolini è in linea con la filosofia di recupero di antichi complessi
industriali per la riqualificazione del quartiere Ostiense, destinato a

divenire un grande polo culturale: accanto al Mattatoio e al Teatro India,
ospitato nella fabbrica Mira Lanza per ampliare le attività del Teatro di
Roma, il restauro dei Mercati Generali e l'acquisizione dell'area dei
gazometri permetteranno di definire compiutamente l'operazione
creando nuove strutture per la Terza Università e realizzando il progetto
"Città della Scienza e della Tecnica".
Oggi, il paesaggio urbano nel quale è inserita la Centrale Montemartini è
fortemente segnato dalle attività commerciali e da quelle produttive. Da
un lato sorgono, maestosi, i gazometri e i complessi industriali ancora in
funzione connotati da una incessante e chiassosa frenesia di lavoro, e
accanto, immersi in una silenziosa realtà, si innalzano i capannoni in
abbandono, veri e propri ruderi di archeologia industriale che esprimono
tutto il fascino dimenticato delle grandi imprese dell'inizio del secolo.
Se ci si inoltra al di là di un anonimo cancello sulla via Ostiense, si
'scopre' la facciata monumentale della Centrale Montemartini inquadrata
da due lampioni di Duilio Cambellotti, simbolo storico dell'illuminazione
della città, e si intravede il grandioso ambiente liberty della Sala
Macchine, la turbina a vapore e i colossali motori Diesel. Ma ciò che
sorprende di più è l'apparire di sagome delicatissime dalle vetrate della
facciata che si distinguono appena attraverso giochi di luce e di riflessi: il
nitore dei marmi antichi risplende contro la massa compatta e grigia degli
apparati industriali. La realtà della Roma antica rivive in spazi
estremamente dilatati e viene a coniugarsi con un'altra realtà legata a un
passato più recente e più vicino alla nostra memoria.
Negli spazi grandiosi della centrale è stato possibile ricomporre contesti
architettonici di grande monumentalità che non avrebbero trovato posto
nelle sale del Campidoglio, collaudando nuove soluzioni espositive lungo
un percorso che mette in parallelo l'illustrazione dell'impianto industriale
con lo sviluppo della città antica. Da un lato le prime pagine della nostra
storia produttiva e, dall'altro, la crescita urbanistica di Roma attraverso
esemplificazioni-campione che compaiono nella sala al piano terra (Sala
Colonne) e nei due saloni al primo piano (Sala Macchine e Sala Caldaie).

La Sala Macchine odierna
con i due motori Diesel
Franco Tosi da 7.500 HP
inaugurati il 21 aprile 1933

Torso di combattente davanti
a uno dei motori Diesel
della Sala Macchine

Il grande ambiente è segnato dai pilastri di cemento armato che sostengono le caldaie poste al piano superiore; le scorie del carbone che alimentava le caldaie erano convogliate nelle tramogge, imbuti tronco-piramidali praticati nel soffitto e ancora oggi visibili. Di qui i residui di combustione erano raccolti con carrelli su binari e portati all'esterno per essere utilizzati a scopo di drenaggio in parchi e giardini.

In questo ambiente, allestito con una pannellatura continua per mascherare i pilastri e creare un circuito di visita, comincia l'esposizione partendo dalla ricomposizione della decorazione architettonica in terracotta dipinta del tempio del Foro Boario, che riassume i caratteri delle grandi opere urbanistiche dell'epoca di Servio Tullio. La funzione svolta da questo santuario ebbe notevole rilevanza per la sua posizione lungo il Tevere e nella zona di più facile approdo, dove si sviluppò un grande emporio destinato a importanti scambi commerciali con le popolazioni dell'Italia centrale, come illustrano i doni dei fedeli, anche stranieri, scoperti nell'area cultuale.

L'orizzonte culturale dell'età repubblicana viene presentato da preziose testimonianze archeologiche che esprimono il clima delle grandi conquiste militari e delle accese campagne propagandistiche, evidente in un affresco proveniente da una tomba dell'Esquilino.

La dedica di edifici religiosi da parte dei più famosi generali della tarda età repubblicana segna una svolta nella monumentalizzazione della città, come si legge in alcune sculture di peperino che decoravano un tempio di Ercole sulla via Tiburtina, dedicato da Marco Minucio nel 217 a.C., reduce dalla vittoria su Annibale.

In una saletta sul fondo si è cercato di riassumere le sensibili modificazioni sociali connesse alle grandi conquiste dell'Oriente greco con l'introduzione nella sfera privata di mobili, mosaici e arredi che si impongono come simbolo di potere su una classe emergente sempre più ricca grazie al bottino di guerra e alle prebende militari. Urne cinerarie realizzate in pregiati alabastri egiziani, letti in bronzo intarsiato e in avorio e raffinatissimi mosaici denunciano lo stato sociale dei proprietari.

Una lunga galleria di ritratti privati esprime l'accentuato individualismo e il desiderio di autorappresentazione di una società in crisi come quella

tardo-repubblicana. Schiavi affrancati orgogliosi di essere cittadini romani
ed esponenti della piccola borghesia si fanno riprendere in posa austera e
maestosa come sintetizza, oltre ai numerosi ritratti e rilievi sulle tombe di
famiglia, la statua del Togato Barberini.
La rassegna si conclude con i ritratti dei personaggi illustri e dei
protagonisti della politica della fine del I secolo a.C.: Cesare, Augusto,
Agrippa e Virgilio.

Gruppo in terracotta dipinta dal tempio arcaico del Foro Boario
Il gruppo raffigura Eracle e Atena nell'episodio della presentazione dell'eroe all'Olimpo. Decorava la sommità del tetto del tempio nel punto più alto, laddove si congiungevano i due spioventi del tetto. L'opera è datata nella seconda metà del VI secolo a.C. ed è pertinente alla seconda fase costruttiva del tempio.

Placchetta di avorio a forma di leoncino
Proviene dal deposito votivo scoperto nelle vicinanze del tempio del Foro Boario insieme a ceramica greca ed etrusca e a piccolo vasellame miniaturistico di produzione locale. Gli *ex voto* offrono un panorama relativo alle origini e allo stato sociale dei fedeli che frequentavano il tempio nel VI secolo a.C. Di particolare rilievo risulta la placchetta sulla quale è incisa una iscrizione etrusca (*Araz Silqetenas Spurianas*) relativa a un personaggio la cui famiglia sembra essere testimoniata a Tarquinia e che, forse, era originario della città fenicia di *Sulcis*, come lascia intuire il gentilizio *Silqetenas*. La placchetta viene interpretata come tessera scambiata quale segno tangibile di reciproca ospitalità.

Affresco proveniente da una tomba dell'Esquilino
Su quattro registri sono narrate le imprese militari del defunto, forse relative a un episodio delle guerre sannitiche della prima metà del III secolo a.C., che ha per protagonisti Quinto Fabio e Marco Fannio raffigurati nella zona centrale. L'affresco riflette il tono delle pitture trionfali portate in processione a Roma al seguito del generale vittorioso; insieme al bottino di guerra che sfilava fino al Tempio di Giove Capitolino, esse illustravano, in una narrazione continua, l'andamento delle campagne militari. Maestro di questo genere artistico fu Fabio Pittore tra la fine del IV e l'inizio del III secolo a.C. Anche questo artista, come forse il proprietario della tomba, apparteneva alla potente famiglia aristocratica dei Fabii.

Statua in peperino di una figura femminile con bambino al seno ed un altro attaccato alle vesti

La figura, insieme alle teste di un barbaro e di due personaggi maschili dall'intonazione fortemente patetica, faceva parte della decorazione di un edificio religioso, forse il Tempio di Ercole sulla via Tiburtina, al quale si riferisce anche la base di un donario dedicato da quel Marco Minucio reduce nel 217 a.C. dalla vittoria su Annibale. La figura femminile che riprende la posa di una nutrice può essere interpretata come una barbara all'interno di una più complessa scena di battaglia, che doveva evocare una grande vittoria dei Romani e, forse, proprio quella di Marco Minucio.

Letto in bronzo da una tomba di Amiterno
Imita i sontuosi letti da parata dei sovrani
ellenistici in una forma elegante e
raffinatissima, nella decorazione a intarsio
con l'inserzione di laminette d'argento
e rame. Il tema vegetale e le raffigurazioni
di Dioniso e del suo corteggio
suggeriscono il passaggio nel mondo
ultraterreno assimilato all'ebbrezza
del vino e delle gioie dionisiache. Può
essere datato tra la fine del I secolo a.C. e
l'inizio del I secolo d.C.

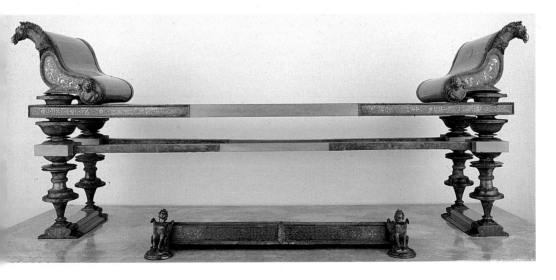

Mosaico con paesaggio marino
Decorava la vasca di un ambiente termale
di una casa della fine del II – inizio del I
secolo a.C., scoperta vicino a San Lorenzo
in Panisperna. Sono raffigurate, con
minute tesserine anche in pasta vitrea e
con un delicato intento naturalistico, varie
specie di pesci e una lotta tra un'aragosta e
una seppia. La scena centrale era bordata
da una fascia a girali di acanto popolati da
uccelli, papere e insetti.

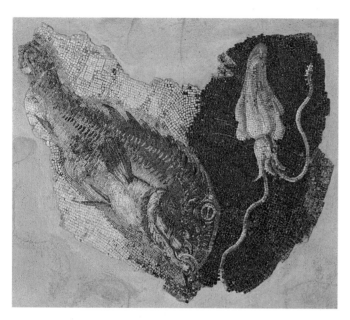

Togato Barberini
L'immagine ricorda un'antica tradizione
che riservava alle famiglie patrizie
il privilegio di far eseguire in cera i ritratti
degli antenati, di conservarli all'interno
della casa e di portarli in processione
in occasione di cerimonie pubbliche e
private. Per crearsi un albero genealogico,
il personaggio che ha commissionato
la statua ha voluto farsi raffigurare mentre
porta orgogliosamente il ritratto del nonno
(50-40 a.C.) e quello del padre
nella sinistra (20-15 a.C.). La testa è antica
ma non pertinente e aggiunta quando
la statua entrò nella collezione
della famiglia Barberini.

Ritratto di Giulio Cesare
La testina, proveniente da scavi sull'Esquilino, può essere datata agli ultimi anni di vita dell'illustre personaggio, tra il 50 e il 44 a.C.

Ritratto di Augusto
L'imperatore è raffigurato secondo lo stile austero e composto di bellezza classica, introdotto nei primi anni del regno tra il 27 e il 20 a.C.

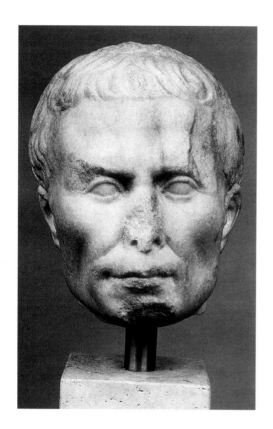

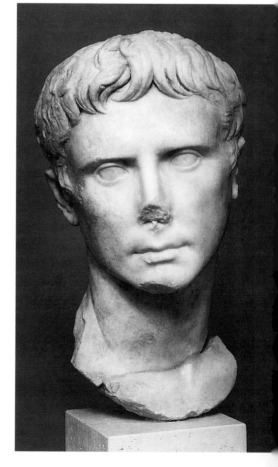

Dal piano terra una piccola scala conduce alla sala più bella della centrale,
un grandioso ambiente scandito in navate da due colossali motori Diesel
e caratterizzato da uno studio raffinato dei dettagli. Il pavimento a mosaico
segna con bordature policrome il perimetro delle macchine, le pareti sono
impreziosite da una zoccolatura in finto marmo sulla quale correva una
decorazione pittorica a festoni, mentre l'illuminazione arrivava da
elegantissimi lumi di ghisa blu. Nella Sala Macchine è riassunta la grandiosità
dei complessi architettonici dell'area monumentale. Una galleria di divinità,
sulla quale predomina con la sua mole una statua di Atena, conduce alla
ricostruzione del frontone del Tempio di Apollo Sosiano, posto sotto il carro
ponte nella posizione di maggiore prestigio, per ricordare la grande opera
di rinnovamento della città e di restauro degli edifici religiosi da parte
dell'imperatore Augusto. Fu in quell'epoca che furono restaurati o addirittura
ricostruiti ben 82 templi. Al di là del frontone, in uno spazio delimitato
e concluso sul fondo da una vetrata dietro la quale si stagliano le sagome
di capannoni industriali in disuso, si suggerisce idealmente al visitatore
di entrare all'interno del tempio: è ricostruita una delle edicole che decoravano
l'ordine inferiore e il grande fregio sovrastante che raffigura le scene del
triplice trionfo di Augusto. Sull'altro lato della sala sono ricomposti alcuni dei
complessi più evocativi del Campidoglio e, in particolare, i monumenti che
sorgevano intorno al Tempio di Giove Capitolino e al santuario di *Fides
publica*, la divinità che tutelava i trattati internazionali (teste colossali di culto,
monumento cosiddetto di Bocco, re della Mauretania, monumento dei re
asiani). Si tratta di importanti testimonianze dell'epoca tardo-repubblicana
che in parte possono essere riferite alla figura di Silla e a un suo intervento in
chiave propagandistica sul Campidoglio (statua di Aristogitone). Dalla parte
opposta, oltre i monumentali resti dell'Apollo Sosiano, si erge la testa
colossale di Fortuna, i piedi e il braccio che facevano parte della statua di culto
del Tempio B di largo Argentina. Notevole interesse riveste la statua di
Agrippina Minore, ripresa nella posa di sacerdotessa, che probabilmente
figurava nella decorazione della cella del Tempio del divo Claudio sul Celio.
Doveva far parte di un progetto unitario volto a esprimere una politica di
regime e l'avvento al potere, dopo la scomparsa dell'imperatore Claudio,
di sua moglie Agrippina e di Nerone, figlio di primo letto dell'imperatrice.

Fregio della decorazione
interna del Tempio
di Apollo Sosiano.
Sullo sfondo il panorama
di archeologia industriale
dell'area ostiense

Ricostruzione di un'edicola
pertinente alla decorazione
interna del Tempio
di Apollo Sosiano

191

Decorazione frontonale del Tempio di Apollo Sosiano

Nella scena di battaglia tra Greci e Amazzoni è stata riconosciuta una delle imprese di Eracle, la nona, che gli era stata imposta dal re Euristeo per soddisfare il desiderio della figlia Admete. L'oggetto del desiderio era la cintura della regina delle Amazzoni, Ippolita, che suo padre Ares le aveva donato. Eracle, affiancato dall'eroe ateniese Teseo e da un gruppo di volontari, si imbarca dall'isola di Paros verso la terra delle Amazzoni, a Themiskyra, sulle coste del Mar Nero, per adempiere al compito assegnato.

Al centro, Atena assiste al combattimento come protettrice dei Greci; alla sua sinistra una Nike ha posto la corona della vittoria sulla testa di Teseo ripreso mentre aggredisce un'Amazzone a cavallo. Alla destra di Atena è la figura di Eracle che sta muovendo contro Ippolita. Alle spalle di Eracle è un guerriero greco inginocchiato, contro il quale è pronta a scagliarsi un'altra Amazzone a cavallo. Chiude la composizione la figura di un Greco caduto.

Il gruppo frontonale è opera greca del 450–425 a.C., creata nel clima culturale ateniese o, comunque, filoateniese, come dimostra il ruolo di privilegio riservato ad Atena e a Teseo. Le statue decoravano, forse, il frontone del Tempio di Apollo *Daphnephóros* a Eretria; di qui sarebbero state portate a Roma e riadattate per il Tempio di Apollo Medico presso il Teatro di Marcello, che Gaio Sosio restaurò a celebrazione dell'imperatore Augusto.

Monumento cosiddetto di Bocco, re della
Mauretania, dal Campidoglio
Il tipo di raffigurazione con armi e trofei
richiama alla mente un grande trionfo
militare. Per motivi stilistici e per l'uso
della pietra grigia, forse di origine
africana, il donario è stato interpretato
come la dedica in Campidoglio e, quindi, la
sottomissione ufficiale di Bocco, re della
Mauretania, alla potenza di Roma e, in
particolare, di Silla. Si celebrava così sul
Campidoglio il grande generale romano
che aveva vinto su Giugurta.

Monumento di dedica dei re dell'Asia
Minore a Giove Capitolino
Su un lungo basamento corrono le iscrizioni,
in latino e in greco, che riportano la dedica a
Giove Capitolino del monumento da parte
dei re dell'Asia Minore, come segno di
omaggio e amicizia al Popolo Romano. Le
statue dei potenti principi poggiavano sul
basamento in corrispondenza delle dediche
in modo da ricostruire un donario
monumentale sul quale sfilavano coloro che
erano stati ammessi a celebrare la più
importante divinità di Roma.

Statua di culto della Fortuna huiusce diei
da largo Argentina
Della figura, lavorata con la tecnica
dell'acrolito, cioè con le parti scoperte in
marmo e il resto in bronzo, restano la testa,
i piedi e il braccio destro. La statua, alta in
origine 8 metri, era l'immagine di culto del
tempio rotondo di largo Argentina, dedicato
nel 101 a.C. da Quinto Lutazio Catulo dopo
la vittoria sui Cimbri. L'opera si inserisce
nell'ambito della corrente classicistica di
questo periodo e può essere attribuita a
Skopas Minore, artista greco attivo a Roma.

Statua di Agrippina Minore come sacerdotessa

La pertinenza alla figura dei Musei Capitolini del ritratto di Copenhagen, qui riprodotto con un calco, permette l'identificazione del personaggio con la nipote e moglie di Claudio. La statua, che si ispira a modelli della fine del V – inizio del IV secolo a.C., fu realizzata in basanite, un'arenaria di origine egiziana particolarmente pregiata e usata spesso per la raffigurazione di personaggi della famiglia imperiale. La provenienza dal Celio sembra assicurare la pertinenza dell'opera alla decorazione del Tempio del divo Claudio.

Delle tre caldaie contenute nella sala ne sopravvive solo una sul fondo, che si erge per un'altezza di oltre quindici metri e si configura quasi come un avveniristico fondale costituito di mattoncini, tubi, passerelle e scalette di metallo. Attraverso maniche oscillanti collegate al soffitto e alla caldaia, il carbone entrava nell'immensa zona destinata alla combustione provenendo da magazzini situati ai piani superiori.

L'esposizione delle statue, come già nella Sala Macchine, sembra esaltare proprio per lo stridente contrasto, la sensualità del nudo della Venere Esquilina o il forte modellato dei corpi maschili oppure la delicatezza di intaglio delle fontane e degli oggetti decorativi.

I temi illustrati in questa sala riflettono alcuni aspetti strettamente legati alla sfera privata attraverso la ricostruzione dell'apparato decorativo delle grandi ville nobiliari, gli *horti*, una espressione monumentale ai confini tra il pubblico e il privato che si configura come una profonda trasformazione urbanistica. La nascita di immense ville private che venivano a recingere, con una corona di verde, il centro monumentale è l'espressione della rivoluzionaria opera di risanamento urbanistico verificatasi tra la fine dell'età repubblicana e l'inizio dell'epoca augustea. Le ville dell'Esquilino e del Quirinale esaltano la grandezza dei proprietari con un impressionante apparato decorativo che tutti potevano intravedere anche dall'esterno.

Originali greci conservati come preziosi oggetti di antiquariato, splendide creazioni romane che si rifanno a modelli greci, raffinatissime fontane monumentali, statue di divinità, di Muse e di poeti permettono di ricostruire la grandiosità di queste residenze concepite come le regge dei grandi dinasti ellenistici. Al palazzo residenziale si associano padiglioni immersi nel verde, ninfei, auditori, tempietti e, addirittura, nel caso dei giardini di Cesare passati poi a Sallustio, la ricostruzione di un giardino conformato a guisa di circo e di una decorazione propagandistica che rievoca la grandezza di Augusto.

La vita di questi parchi ha uno sviluppo continuo nel corso dell'età imperiale, raggiungendo momenti di grande fulgore ancora in epoca tardo-antica, come testimoniano i ritrovamenti degli *Horti Liciniani* presso la chiesa di Santa Bibiana. Qui furono scoperte le statue di magistrati ripresi nell'atto di dare l'avvio alle corse nel circo e il grandissimo mosaico policromo con scene di caccia al cinghiale e di cattura di animali selvatici.

Veduta della Sala Caldaie
con la Venere Esquilina

Fontana a forma di corno potorio dagli Horti *di Mecenate sull'Esquilino*
L'opera di stile neo-attico della prima età augustea è firmata dall'artista ateniese Pontios. Figurava all'interno dei grandi giardini di Mecenate sull'Esquilino, una zona di vasta estensione destinata a necropoli sin dalle origini della città, che in età augustea venne risanata e trasformata in area a verde con un radicale interramento.

Testa di Amazzone dagli Horti *di Mecenate sull'Esquilino*
Copia dell'originale in bronzo eseguito negli anni 440-430 a.C. in occasione della gara artistica bandita dalla città di Efeso per una figura di Amazzone ferita. Al concorso parteciparono i più famosi artisti greci dell'epoca classica.

Statua di Ercole combattente
dagli Horti *di Mecenate sull'Esquilino*
Bellissima copia in marmo pentelico
da un originale greco della fine
del IV secolo a.C.

Statua di Amazzone inginocchiata dagli Horti *di Sallustio sul Quirinale*
Originale greco della fine del VI secolo a.C. riferibile alla decorazione del frontone occidentale del Tempio di Apollo *Dapnephóros* a Eretria, dove era raffigurata una lotta tra Amazzoni e Greci.

Stele funeraria attica dagli Horti Lamiani *sull'Esquilino*
L'opera greca di scuola ionica, databile tra il 500 e il 490 a.C., raffigura una fanciulla che con la mano destra tiene una colomba.

Testa di Centauro dagli Horti Lamiani *sull'Esquilino*
L'affinità stilistica con il gruppo di Sperlonga, raffigurante l'accecamento di Polifemo, permette di considerare l'opera una creazione dell'epoca di Tiberio ispirata a modelli rodio-pergameni.

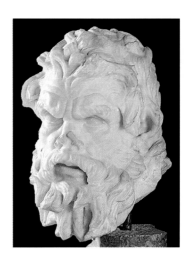

Statua di Venere Esquilina dagli Horti
Lamiani *sull'Esquilino*
Si tratta di una elaborazione eclettica della
prima età imperiale con richiami allo stile
severo, dove la divinità potrebbe essere
identificata con Afrodite-Iside, di chiara
origine ellenistica per la presenza di un
cobra avvolto sul vaso. Le superfici
marmoree hanno conservato la politura
originaria, probabilmente perché la statua
fu nascosta in un ambiente sotterraneo già
in antico e qui venne ritrovata durante gli
scavi della fine del secolo scorso.

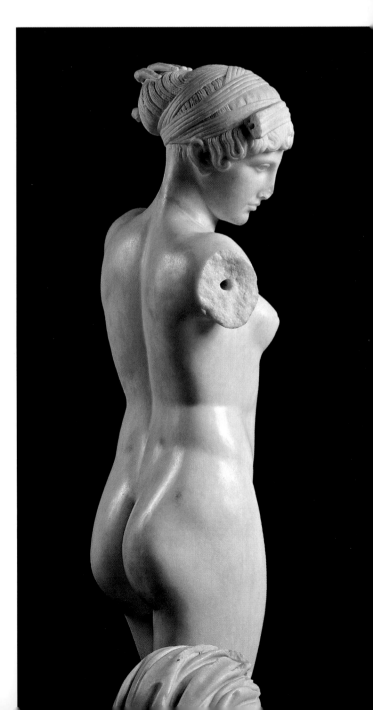

Statua di Polimnia

Raffigurata in atteggiamento sognante e pensoso, completamente avvolta nel mantello e appoggiata a uno sperone roccioso, la giovane Musa reggeva un rotolo di papiro, simbolo dell'arte da lei rappresentata. Si tratta di una splendida copia romana di età antonina ispirata al gruppo di Muse creato da Philiskos di Rodi nel II secolo a.C. La politura originaria dell'opera è perfettamente conservata perché la statua venne nascosta in antico in un cunicolo sotterraneo.

Mosaico con scene di caccia dagli Horti Liciniani

Nell'area presso la chiesa di Santa Bibiana venne alla luce un grande tappeto musivo che decorava, probabilmente, un portico e raffigura scene relative alla cattura di animali selvatici per i giochi del circo e una caccia al cinghiale. Sul fondo bianco, interrotto da schematiche notazioni paesistiche, gruppi di cacciatori accompagnati da cani al guinzaglio spingono le prede verso le trappole in fondo ai recinti bordati dalle reti.

Orsi e gazzelle non hanno scampo: un uomo accovacciato sulla cassa all'interno della quale pende, come esca, un prosciutto è pronto a far calare il coperchio. La caccia al cinghiale è, invece, cruenta: il personaggio principale della composizione, a cavallo, ha trafitto la preda con una lunga lancia. Il mosaico si data all'inizio del IV secolo d.C.

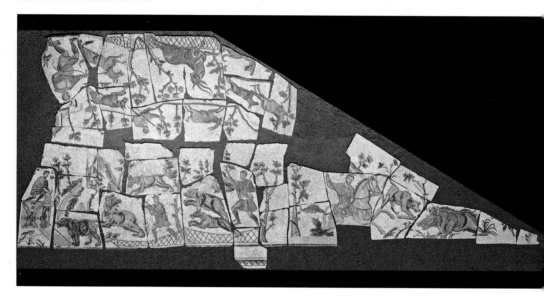

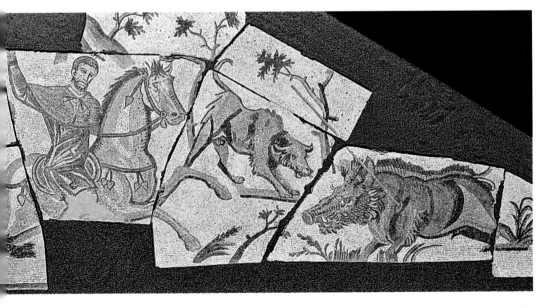

Statua di magistrato
Vestito di un sontuoso abito da cerimonia,
dà l'avvio alle gare del circo sollevando la
mano destra per lanciare la mappa. Nello
splendido volto si possono riconoscere gli
echi della ritrattistica teodosiana degli anni
a cavallo tra il IV e il V secolo d.C.

L'obiettivo dell'esposizione è stato quello di illustrare per la prima volta la ricomposizione di complessi architettonici finora mai esaminati nel loro insieme per ricostituire il progetto decorativo antico e il clima culturale che lo ha determinato. Sono stati questi i criteri che hanno permesso di collaudare alcune soluzioni espositive nella Centrale Montemartini, che saranno riproposte, almeno in parte, nelle sale del Campidoglio a completamento delle opere di restauro.

Rilievo pertinente a un grande
monumento dell'epoca
dell'imperatore Claudio con
raffigurazione di un tempio

Bibliografia

A. Tofanelli, *Catalogo delle sculture antiche e de' quadri esistenti nel Museo, e Gallerie di Campidoglio*, Roma 1817

P. Righetti, *Descrizione del Campidoglio*, I, Roma 1833; II, Roma 1836

A. Venturi, *La Galleria del Campidoglio*, "Archivio Storico dell'Arte", II, 1889, pp. 441-454

A. Michaelis, *Storia della collezione capitolina di antichità fino all'inaugurazione del museo* (1734), "Mitteilung des Deutschen Archäologischen Instituts. Römische Abteilung", VI, 1891, pp. 3-66

E. Rodocanachi, *Le Capitol romain antique et moderne*, Paris 1904

R. Delbrück, *Hellenistische Bauten in Latium*, I, Strassbourg 1907, pp. 23-46, tavv. 3-9

H. Stuart Jones, *A Catalogue of the Ancient Sculptures preserved in the Municipal Collections of Rome. The Sculptures of the Museo Capitolino*, Oxford 1912

H. Stuart Jones, *A Catalogue of the Ancient Sculptures preserved in the Municipal Collections of Rome. The Sculptures of the Palazzo dei Conservatori*, Oxford 1926

D. Mustilli, *Il Museo Mussolini*, Roma 1939

A. M. Colini, *Aedes Veiovis*, "Bull. Comm.", LXVII, 1942, pp. 5 ss.

P. Pecchiai, *Il Campidoglio nel Cinquecento sulla scorta dei documenti*, Roma 1950

C. Pietrangeli, *Nuovi lavori nella più antica pinacoteca di Roma*, "Capitolium", XXVI, 1951, pp. 59-71

R. Righetti, *Gemme e cammei delle collezioni comunali*, Roma 1955

AA.VV., *Il Campidoglio*, "Capitolium", XXXIX, 4, 1964

AA.VV., *Il colle capitolino e l'Ara Coeli*, "Capitolium", XL, 4, 1965

G. De Angelis D'Ossat, C. Pietrangeli, *Il Campidoglio di Michelangelo*, Milano 1965

W. Helbig, *Führer durch die öffentlichen Sammlungen klassischer Altertümer in Rom II*, Tübingen 1966⁴

C. D'Onofrio, *Renovatio Romae*, Roma 1973

R. Bruno, *Pinacoteca Capitolina*, Bologna 1978

C. Pietrangeli (a cura di), *Guida del Campidoglio*, (Guide rionali di Roma, Rione X – Campitelli, parte II), Roma 1983³

M. Cima, E. La Rocca (a cura di), *Le tranquille dimore degli dei*, catalogo della mostra (Roma 1986), Venezia 1986

Da Pisanello alla nascita dei Musei Capitolini, catalogo della mostra (Roma 1988), Milano 1988

M. E. Tittoni, *La Buona Ventura del Caravaggio: note e precisazioni in margine al restauro*, "Quaderni di Palazzo Venezia", 1989, 6, pp. 179-184

Identificazione di un Caravaggio, Roma 1990

Il tesoro di via Alessandrina, catalogo della mostra (Roma 1990), Roma 1990

Il Campidoglio e Sisto V, catalogo della mostra (Roma 1991), Roma 1991

Guercino e le collezioni capitoline, catalogo della mostra, Roma 1991

Ch. Reusser, *Der Fidestempel auf dem Kapitol in Rom und seine Ausstattung*, Roma 1993

J. Bentini (a cura di), *Quadri rinomatissimi: il collezionismo dei Pio di Savoia*, Modena 1994

AA.VV., *La facciata del Palazzo Senatorio in Campidoglio. Momenti di storia urbana in Roma*, Pisa 1994

A. Mura Sommella, *Contributo allo studio del Tabularium attraverso l'analisi di alcuni documenti iconografici e d'archivio relativi al Palazzo Senatorio*, "Palladio", n.s. VII, 14, 1994, pp. 45-54

La natura morta al tempo di Caravaggio, catalogo della mostra (Roma 1995-1996), Napoli 1995

AA.VV., *La facciata del Palazzo Senatorio in Campidoglio. Momenti di un grande restauro a Roma*, Pisa 1995

E. La Rocca, *Prima del Palazzo Senatorio i monumenti inter duos lucos*, in AA.VV., *La facciata del Palazzo Senatorio in Campidoglio. Momenti di un grande restauro a Roma*, op. cit., pp. 3 ss.

AA.VV., *Il Palazzo dei Conservatori e il Palazzo Nuovo in Campidoglio. Momenti di storia urbana in Roma*, Pisa 1996

Classicismo e natura – La lezione di Domenichino, catalogo della mostra (Roma 1996-1997), Milano 1996

AA.VV., *Il Palazzo dei Conservatori e il Palazzo Nuovo in Campidoglio. Momenti di un grande restauro a Roma*, Pisa 1997

Pietro da Cortona, il meccanismo della forma, catalogo della mostra (Roma 1997-1998), Milano 1997

Il Seicento a Roma – Da Caravaggio a Salvator Rosa, catalogo della mostra (Milano 1999), Milano 1999

Caravaggio's "St. John" & Masterpieces from the Capitoline Museum in Rome, catalogo della mostra (Hartford-Toronto 1999), Hartford 1999

M. Bertoletti, M. Cima, E. Talamo (a cura di), *Sculture di Roma antica. Collezioni dei Musei Capitolini alla Centrale Montemartini*, Roma 1999[2]

M. E. Tittoni, *Pinacoteca Capitolina praticamente nuova*, "Capitolium Millennio", III, 1999, 11-12, pp. 67 ss.

Questo volume è stato stampato
per conto di Elemond S.p.A.
dalla Tipografica La Piramide (Roma)
nel mese di aprile dell'anno 2000